Los Pilares del Corazón

¿Cómo son nuestros vínculos afectivos?

PABLO PALMERO

Publicado previamente por Zenith/Planeta con el título:
"DIME CÓMO TE RELACIONAS Y TE DIRÉ QUIÉN ERES"

El autor acepta y agradece las donaciones económicas como reconocimiento y apoyo a su tarea divulgativa (existe una página habilitada para este fin en su web), así como la colaboración con terceros: edición, comercialización, difusión, traducción, representación, patrocinio, etc.

Diseño de cubierta: Oriol Piferrer, La Fonda Gràfica
Corrección gramatical, estilística y conceptual : Isabel Moros Garcia

Primera edición en papel: noviembre de 2010
Por la Editorial Planeta, S. A.
Bajo el título: "Dime cómo te relacionas y te diré quién eres"

Nuevo título: "Los pilares del corazón"
Segunda edición en papel (revisada): setiembre 2012
ⓒ Pablo Palmero Salinas
ISBN: 978-84-686-1752-7
Registro de la propiedad intelectual: GI-0013-2009
Código Safe Creative: 1209172353214

Impreso en España por Bubok / Printed in Spain by Bubok

Web del autor: **Pablopalmero.com**

Pablo Palmero está licenciado en Psicología por la Universidad Autónoma de Barcelona. Ejerce como psicoterapeuta en Olot (Girona) y es co-creador de la propuesta "Experiencias de Relación", talleres vivenciales intensivos donde se explora la manera de relacionarse con uno mismo, con el entorno y con los demás.

Ha escrito artículos de psicología para diversas revistas de salud y ecología, y es también autor del libro *"Crecimiento Interpersonal. Más allá del Crecimiento Personal"*.

Más información y todos sus libros online en:
Pablopalmero.com

ÍNDICE

AGRADECIMIENTOS

Quiero dar las gracias a todos los que me ayudan y han ayudado sin intentar cambiarme, especialmente a Montserrat Crehuet y a Marc Costa. A los que me hacen llegar su confianza al permitir que les ayude como profesional. A mi sobrinita Nidia por mostrarme su verdad y enseñarme a confiar en la vida. A los amigos, las amigas y a mi pareja Isabel Moros.

Isabel Moros García es terapeuta y está formada en Integración Psicocorporal. Su colaboración en la revisión conceptual y estilística del texto ha sido fundamental. Su dedicación y claridad, así como los debates que hemos mantenido respecto a determinados temas, enriquecen el presente libro.

Hago muchas cosas desde la soledad, pero no tardo en cansarme. Su calor y compañía me han permitido persistir, haciendo que el recorrido en sí mismo haya valido la pena.

Prólogo

Para celebrar la reedición del presente libro he realizado una meticulosa revisión gramatical y conceptual que aporta aún más ligereza y sustancia al contenido. Era preciso dada la controversia de los temas tratados. Espero que los cambios introducidos sean apreciados tanto por los que ya lo habéis leído, como por los que os estrenáis en su lectura.

Por suerte para vosotros, este será un prólogo escueto que voy a emplear para aclarar tres cuestiones y para daros a conocer mi actual sistema de difusión.

El primero de los asuntos hace referencia al título. Esta obra se publicó en el 2010 por la editorial Zenith/Planeta bajo el título *Dime cómo te relacionas y te diré quién eres*, un guiño que pretendía remitir al refrán "Dime con quién vas y te diré quién eres". En su elección se interpusieron criterios comerciales ajenos a mi voluntad y por eso, tras recuperar los derechos sobre la obra decidí rebautizarlo como siempre había querido: *Los pilares del corazón*. Pido disculpas por las posibles confusiones que esto pueda ocasionar, pero no he querido seguir soportando un lastre que me pesaba demasiado.

Anticiparos también que este libro no encaja dentro de la llamada línea de *Crecimiento Personal* sino dentro de la que yo prefiero denominar como *Crecimiento Interpersonal* (título, por cierto, del siguiente de mis libros). El acento está puesto en ayudar a identificar y reflexionar sobre las bases afectivas en las que nos sostenemos como personas y como sociedad. Una panorámica general de lo que nos falta y de lo que podría impulsarnos hacia nuevas y saludables formas de relación.

Por vuestros comentarios desde la primera edición, he comprobado que hay un tema que suscita una especial inquietud y hasta irascibilidad: ¿Son nuestros padres responsables de nuestras dificultades relacionales? Mi respuesta es: Culpables no, responsables sí; en gran medida. Para una respuesta más extensa y elaborada os recomiendo leer los apartados "padres que no han sido hijos" y "una revolución". Este último es de nueva factura y es el que cierra el libro. De hecho, si en algún momento de la lectura os veis asaltados por esta clase de preguntas, considerad la posibilidad de acudir directamente a ellos.

En los últimos tiempos he estado reflexionando y dejándome sentir cómo y bajo qué condiciones quiero ejercer mi tarea divulgativa. Son las siguientes: deseo mantener los derechos sobre mis obras, que en ellas prime la calidad y la coherencia por encima del factor comercial, y que todo el mundo tenga la posibilidad de acceder al contenido de las mismas. Para más información sobre mi política de difusión os emplazo a consultar en mi web el apartado "*Gestión de mis obras*" y el "*Manifiesto para el Empoderamiento de los Autores*". Quiero recordaros que todos mis libros están disponibles online en Pablopalmero.com, y que me he reservado la posibilidad de regalaros las versiones en ebook si así me lo pedís; encontraréis una opción para tal fin en la susodicha página.

Al publicar bajo licencia de "Bienes Comunes Creativos" (Creative Commons) no sólo os permito que compartáis mi obra libremente, sino que de hecho, os aliento a hacerlo con toda la gente que creáis pueda interesarle.

Os invito por último, a participar en mi blog, facebook y demases. Estaré encantado de recibiros.

Espero que la lectura sea de vuestro agrado.
Un saludo afectuoso.

Pablo Palmero

INTRODUCCIÓN

Durante la adolescencia, la inquietud por comprender mi sufrimiento y el anhelo de una vida mejor me llevaron a interesarme por cuestiones psicológicas y existenciales. Al cabo de unos años, mientras estudiaba en la universidad, empecé a realizar viajes y cursos de autoconocimiento de diversa índole. Conocí nuevos enfoques y filosofías. Empecé a sentirme un poco más orientado. Los cambios sucedidos en ese período, sin embargo, más que a las ideas y las propuestas en sí mismas, se debieron al respeto, la amabilidad y el reconocimiento que recibí por parte de la gente que encontré.

En ese tiempo se abrieron horizontes, pero también surgieron nuevos interrogantes y viejos vacíos. El inicio de la relación con mi actual pareja puso al descubierto que el conocimiento que había acumulado era insuficiente para vincularme con profundidad. Me había estado preparando para un camino solitario de autodesarrollo y autoafirmación, pero no para relacionarme de manera sentida. Tuve que reconocer que había estado huyendo de mis propias necesidades afectivas. Necesitaba reconciliarme con la condición humana; dejar de identificarme con los ideales y deseos que tapaban los sentimientos, alejándome de mí mismo y de las personas cercanas. Desde entonces continúo intentándolo. Mi interés, en cualquier caso, se ha desplazado hacia perspectivas menos pretenciosas y más fieles a nuestra naturaleza relacional.

Este libro trata sobre la importancia de las relaciones en la formación como individuos. Sobre la falta de amor como origen de muchos de los desvaríos personales y colectivos. Gira entorno a lo que podría ser denominado como "Desarrollo Interpersonal".

Un libro

Hace algún tiempo estuve escribiendo artículos de psicología para diversas revistas. Al principio me sentí coartado por el poco espacio del que disponía; más tarde, curiosamente, fui encontrándole el gusto a sintetizar cuestiones que pueden llegar a ser muy complejas. Componer explicaciones sencillas y claras me resulta gratificante. Siento algo que quiero transmitir, lo planeo en mi mente y lo plasmo. La idea de elaborar un libro que contuviese formatos breves y concisos se me hizo cada vez más sugerente.

Los ejemplos prácticos recogen situaciones habituales con las que a mi entender, resulta fácil identificarse. Los nombres de todos los personajes y datos concretos son inventados, excepto mis experiencias personales y aquellas en las que he recibido el consentimiento expreso por parte de las personas aludidas.

He intentado evitar tecnicismos y psicologismos, así como tonos efectistas del tipo «si quieres puedes» que por otra parte, tanto abundan en la literatura de autoconocimiento. Este libro no se enmarca dentro del crecimiento personal. No aporta soluciones ni recetas; el intento está puesto en desvelar y ofrecer un poco de luz a situaciones dramáticas y pertinaces que generan sufrimiento y cuestan de transformar. Quiero advertir en este sentido, que se trata de una lectura que puede despertar sentimientos y cuestiones personales delicadas.

Las ideas que expongo recogen y están limitadas a su vez por mi madurez y comprensión actual. Espero y deseo que con el tiempo pueda verlas con mayor claridad y profundidad. Aun así he querido plasmarlas y compartirlas con vosotros. Creo que igual que a mí me ayudan aportándome mayor responsabilidad y libertad, también pueden ser beneficiosas para muchas otras personas.

Influencias

Aunque mi tendencia es autodidacta y sincrética, la principal influencia e inspiración en estos últimos tiempos ha sido el encuentro con el planteamiento psicoterapéutico vanguardista de la Escuela de Terapia de Integración Psicocorporal de Barcelona (ETIP), fundada y dirigida por el psicólogo clínico Marc Costa, una eminencia en el campo de la psicoterapia. Para mi agrado, el cuidado, la meticulosidad y la coherencia de su propuesta se confirma también en su manera de ser. Montserrat Crehuet, terapeuta de dicha escuela, es otra influencia importante para mí. La precisión que muestra en el planteamiento de los conflictos relacionales y de comunicación es, desde mi punto de vista, encomiable. Su entrega, sanadora.

Mi vocación

Mi vocación es la de terapeuta. Me gusta acompañar a la persona a descubrir qué le sucede y qué necesita; reconocer sus capacidades, valores y decisiones. Ofrecer una escucha sincera, y en la medida de mis posibilidades, experiencias de contacto y cercanía reparadoras.

Acercarme al dolor, la soledad, las carencias y las necesidades que todos compartimos, despierta en mí la empatía y un profundo respeto hacia toda la gente con la que trabajo. Conocer a las personas en su verdad es el mayor regalo de mi profesión.

Un enfoque sistémico

Las ideas que expongo se encuadran dentro del planteamiento de la Teoría General de Sistemas, paradigma científico surgido a mediados del siglo xx como un intento interdisciplinar para encontrar una teoría y una terminología común aplicable a diversas áreas (físicas, biológicas y sociales). Uno de sus postulados principales es que todos los sistemas vivos se estructuran mediante dos grandes vías: los patrones de auto-organización y la interacción con los sistemas de su entorno. Gracias a esta perspectiva, el estudio de la relación y la comunicación se ha ido convirtiendo en una pieza cada vez más fundamental en el conocimiento profundo de los fenómenos. Desde un enfoque psicoterapéutico sistémico, pues, hay ciertas cuestiones básicas a tener en cuenta:

Por un lado las etapas madurativas del desarrollo (patrones biológicos), y por otro el conocimiento de la historia personal (patrones de relación). Conocer, en definitiva, cómo nos hemos edifi-
cado como individuos en ese delicado equilibrio que se sitúa entre las "necesidades" y las "oportunidades"; cuáles son nuestras
cualidades y potenciales, y cuáles las carencias y dificultades.

Abordar un proceso terapéutico desde aquí también supone por
consiguiente, aproximarse a aquellas personas y hechos que han
interferido y dañado el proceso de estructuración personal. Este
libro incide directa y especialmente en cuestiones donde la responsabilidad de los padres es trascendental. Veremos la implicación y las repercusiones de los vínculos paterno y materno filiales
en problemáticas individuales y sociales muy dispares.

Ahondar en la relación con los padres es el gran tabú, porque nos
hemos organizado como personas y como sociedad alrededor de
heridas emocionales originadas en la relación con ellos. Por eso,
la tendencia general es la de soslayar su influencia. El campo de
las humanidades tampoco escapa a este sesgo. La psicología «convencional» por ejemplo, se centra en las problemáticas o traumas
concretos, perdiendo de vista la globalidad de la persona. En el
«Crecimiento Personal» el énfasis se deriva casi en exclusiva hacia
los deseos y los ideales; en lo que podríamos llegar a pensar, sentir
y ser. En ambos casos el minucioso trabajo de subsanación de las
carencias afectivas acumuladas durante el desarrollo, es sospecho-
samente eludido. Por otra parte, en muchas de las terapias que
supuestamente abordan estos aspectos vinculares, el trabajo tiende a ser reconducido hacia intelectualizaciones y tecnificaciones

(descargas y catarsis inducidas, visualizaciones, etcétera). En general el proceso desde aquí tiende a desembocar en una autoafirmación del paciente, en una pretendida comprensión de las figuras paternas, o bien en un supuesto ejercicio de perdón, sobreponiéndose al malestar por medio del entendimiento y la fuerza de voluntad. Estas directrices conllevan, invariablemente, un sobreesfuerzo interno. Forzarse a ser «mejores», ser «positivos», ser «espirituales», ser «más conscientes». Prolongaciones matizadas de lo padecido durante la infancia: obligarnos a madurar sin poner atención y cuidado en quiénes somos, qué nos pasa y qué necesitamos.

El desarrollo humano es como un sistema de vasos comunicantes. La mayoría de conflictos mentales, emocionales y físicos se derivan de las carencias acumuladas a lo largo del crecimiento. Por eso, para subsanar las problemáticas y sintomatologías hemos de identificar la «carencia-necesidad» de fondo y obtener alguna satisfacción nutricia al respecto. Los potenciales y las capacidades corporales, emocionales e intelectuales propios de cada uno son, por su parte, los principales puntales en este proceso de transformación, pues son ellos los que desvelan nuestra esencia más allá de las formas y las dificultades. Los que hablan, en silencio, de nuestra inquebrantable tendencia a evolucionar.

Una analogía sobre el ser humano

A veces veo al ser humano como una especie capaz de entrar en largas fases de letargo. Desde este estado larvario podemos estudiar, trabajar, tener hijos, éxitos, fracasos, decepciones e ilusiones; podemos reír, llorar, desear, sufrir... Hacer todas aquellas cosas que se presuponen propias de un ser humano permaneciendo interiormente «congelados», absortos en reacciones emocionales, pensamientos aprendidos y gestos impostados, forjados a imagen y semejanza de nuestros particulares dioses de carne y hueso; sumergidos en formol; confinados por pensamientos que nos narran lo que se supone es la vida. Atrapados en reacciones emocionales que reproducen incansablemente los mismos melodramas.

Para sobrevivir tuvimos que detener nuestro proceso natural de evolución. Los vínculos afectivos que habían de suministrar la savia para seguir creciendo no eran como necesitábamos, y en ocasiones resultaron ser incluso, venenosos. Tuvimos que madurar sin la calidad de los lazos de amor que permiten enraizarse en una tierra sana y fértil. Sin esa base fuimos incapaces, por tanto, de alzarnos y explorar con osadía el insondable misterio de la vida.

Hay simientes que pueden aguardar durante décadas el momento adecuado para eclosionar, fijarse al suelo y desplegar la esencia vital que portan en su interior. En este caso la lluvia, la estación, la temperatura y la presencia de nutrientes son los factores desencadenantes para el despliegue. En los humanos, en el momento de la concepción se inicia un desarrollo biológicamente preestablecido, moldeado por el contacto y la relación con las personas cercanas. Por desgracia, la calidad de estos últimos factores fue, en la mayoría de los casos, parva. Tuvimos que insensibilizarnos de las agresiones del entorno, mediante mecanismos de defensa físicos, psíquicos y emocionales.

Las semillas de las plantas una vez ancladas en el suelo ya no pueden moverse, pero nosotros sí. Este «estado de hibernación defensiva» nos otorga una facultad sumamente especial: la posibilidad de ir más tarde y cuando lo sentimos, al encuentro de unas condiciones más adecuadas para reemprender nuestro proceso de vinculación y evolución.

Aunque las heridas sean graves y profundas, existen posibilidades de reconstruir los vacíos internos. El proceso es delicado y aparentemente contradictorio. Queremos ser amados pero descreemos los gestos verdaderos y de corazón. Queremos que nos dejen en paz, pero no queremos que nos dejen solos. Hace falta mucha entereza para comprender todo esto y alguien tiene que estar ahí, ayudando a comprendernos, a abrirnos a la vida y reencontrarnos con quienes somos.

Las relaciones son nuestro talón de Aquiles, pero toda transformación al respecto, por pequeña que sea, nos libera de pesadas cargas y multiplica las posibilidades a nuestro alcance.

Todos tenemos cosas buenas que ofrecer y que recibir. Limpiar los vínculos afectivos es tender puentes hacia la vida.

¿NOS RELACIONAMOS?

Es evidente que interactuamos, pero ¿nos relacionamos con profundidad?; es decir, ¿ofrecemos y nos damos el tiempo y el espacio adecuado para expresar lo que nos sucede a nivel íntimo y personal? Concretar proyectos, hacer cosas conjuntamente... todo ello, en efecto, podemos hacerlo, pero ¿desde dónde? ¿Para qué? ¿Para quién?

El daño relacional es esquivo a la luz de la consciencia; me atrevería a decir que es el más escurridizo de todos, el que más cuesta de identificar y sentir; entre otras cosas, porque tomar consciencia de él no significa deshacerse de él. Lo evitamos porque sentirlo y no poder hacer algo «efectivo» al respecto es frustrante, doloroso, y en muchas ocasiones desestructurante. Sume en la impotencia. Es por ello que tendemos a buscar y creer que el origen de este malestar está en cuestiones de otro orden: energéticas, espirituales, astrológicas, atmosféricas, dietéticas, sociales, coyunturales, económicas, etcétera.

Pese a creernos autosuficientes e independientes pasamos la mayor parte del tiempo pendientes de los demás, esperando ser tenidos en cuenta: ser cuidados, atendidos, que nos den lo que para nosotros «es evidente» que necesitamos recibir. Pero a la vez, desde la estructura defensiva que nos protege de sentir el propio dolor, rechazamos y negamos incluso los ofrecimientos buenos y auténticos, e implícitamente también a quien nos los da. Por otro lado: ¿quién nos interesa? ¿Qué es lo que nos interesa? ¿En qué se basa nuestro querer estar con los demás?

A menudo ponemos la motivación fuera de la relación misma: en objetivos compartidos, aficiones, ideales... Pero cuando esas cuestiones no coinciden, el vínculo se disuelve y desvela que en el fondo nunca fue sólido. Apenas conocemos nuestras necesidades afectivas, ni las limitaciones que tenemos al respecto.

Vivimos saturados en un «yo» cerrado sobre sí mismo que cree estar abierto a la vida, pero que a la hora de la verdad impide el paso a todo lo que no encaja con lo que ya conoce. La relación desde este lugar es imposible, no hay espacio ni para lo que sentimos ni para lo que el otro siente; sólo una ininterrumpida retransmisión de interpretaciones y conjeturas existenciales. Estamos muy lejos de la realidad inmediata. Sumidos en una locura adaptada; solos, resentidos y demasiado ocupados en sobrevivir mediante algo que podríamos definir como «autocomplacencia». Desde esta prefabricada sensación de seguridad y tranquilidad nos enorgullecemos al menos, de «hacer y pensar lo que nos da la gana».

Para los que no hemos sido acogidos de forma incondicional, tener que relacionarse es un impulso que altera nuestro precario equilibrio. La única forma de revertir este proceso de alejamiento de uno mismo y de los demás es reencontrarse con el sentido y el placer de relacionarse. Un viaje que apunta hacia diferentes direcciones: hacia el pasado, porque no es posible liberarse si no nos comprendemos. Hacia el presente, porque todo lo que nos sucedió y condicionó sigue actuando aquí y ahora. El futuro depende del compromiso que establezcamos con nosotros mismos y con los demás.

Si bien es cierto que avanzamos hacia un lugar del que apenas tenemos referencias y modelos, una fuerza mayúscula y eterna nos acompaña. La vida es relación. Todo está interconectado. Recomponer nuestra naturaleza relacional y con ella el sentido de ser humano es una responsabilidad que podemos asumir o no, concientes de las dificultades que entraña y de los factores que deben conjugarse.

RELACIONES FAMILIARES

¿Dónde está la familia?

El modelo familiar está herido desde hace muchas generaciones. El bastión de nuestros padres y abuelos residió en una mezcla de miedo al estigma social, estoicismo y dobles vidas. Padres ausentes, machistas, autoritarios, incapaces de escuchar y comunicarse. Madres preñadas de resignación que se lo hacían pagar a sus hijos e hijas de múltiples maneras. Estructuras familiares de papel maché sostenidas de cara a la galería pero, al igual que las actuales, vacías de lo esencial. Los consejos y sermones de los mayores del tipo «los jóvenes no sabéis aguantar», dejan bien claro cuáles son y han sido sus directrices. La actual crisis del sistema familiar ha puesto en evidencia la falla que arrastramos en el proceso de vinculación afectiva.

Los principales perjudicados de esta falta de consistencia familiar son precisamente los futuros pilares de nuestra sociedad: los hijos.

El niño es sensibilidad en estado puro y los conflictos gestionados de forma inadecuada por los adultos atentan contra él directa e indirectamente. Cuando las necesidades afectivas básicas están insatisfechas y se traspasa el límite sostenible de la carencia, el niño empieza a tener que encontrar soluciones de urgencia para recibir atención y cariño. En ocasiones aparecen comportamientos de rebeldía y oposición, como en el caso de Saúl, de siete años. Las discusiones entre sus padres marcan la tónica general; una atmósfera de tensión que habitualmente acaba zanjándose con frases como «si no fuera por el niño te iba a aguantar tu madre», «ya me hubiese ido hace tiempo si no fuera por mi hijo»...

Saúl hace varios días que se encuentra mal. Tiene reacciones emocionales muy fuertes, está irritable, se pelea con sus compañeros y no atiende en el colegio. Los padres no saben qué hacer. Las constantes regañinas y los castigos por sus «irracionales rabietas» resultan infructuosas, y empiezan a barajar la posibilidad de llevarlo al médico. Nadie parece percatarse que su malestar tiene que ver con la desatención y la falta de amor.

En otros casos los pequeños recurren inconscientemente a actitudes proteccionistas hacia los propios padres. Agotadores y desesperados esfuerzos para complacerlos y hacer que se sientan bien, con la esperanza puesta en recibir después lo propio: ser queridos. Es el caso de Laura, que con tan sólo diez años ha aprendido que si se amolda a lo que sus padres desean de ella, la tensión en casa disminuye y se ahorra problemas. Para ello debe hacerles de confidente y soportar los conflictos de pareja que cada uno comparte por separado con ella cuando están a solas. Debe, además, hacer «bien» todo lo que le «toca», estudios, deberes, actividades extraescolares, tareas del hogar..., y evitar a la vez la expresión de su malestar. Laura no recibe de sus padres un verdadero interés hacia lo que le pasa, y ha renunciado sin saberlo a muchas de sus necesidades e inquietudes. Esta dramática inversión de papeles genera confusión y graves problemas relacionales, y conduce a lo que en ocasiones se denomina como el «rol del salvador», donde la propia necesidad de ser cuidado es ocultada y reconvertida en un constante «hacerse cargo de los demás».

Ambos ejemplos son sólo dos muestras de una interminable lista de reacciones y adaptaciones defensivas frente a la falta de amor en el hogar.

La estabilidad afectiva de la pareja es fundamental para que los niños crezcan emocional y psíquicamente orientados. La convivencia familiar es la antesala de la socialización. Una experiencia sana en este sentido genera la capacidad para afrontar con confianza el complejo mundo de las relaciones humanas, logrando posteriormente soluciones que pasen por el encuentro y la comunicación.

La crianza es el proceso vital que requiere más delicadeza, cuidado y respeto de todos los que un ser humano ha de afrontar. Pero en general da la impresión de que los hijos acaban convirtiéndose en otra «tarea práctica» a efectuar. Funestamente los dispositivos sociales amparan la delegación de funciones paternas y maternas a personas desconocidas, con las que no existe ningún tipo de vinculación, permitiendo, por ejemplo, «guardar» a los bebés a partir de tres meses en «guarderías». Hemos de ser conscientes de que estos procedimientos son dañinos para los pequeños, por mucho que apelemos al pragmatismo adulto.

Éste es un ejemplo que habla de las prioridades que nos rigen: Ricardo es un reputado empresario de telecomunicaciones. Su trabajo le exige una notable dedicación. A parte de las dos horas diarias de coche y las ocho de trabajo, debe atender llamadas durante prácticamente todo el día. La efectividad es su lema. Últimamente siente mucha presión, está estresado. Para evadirse se queda mirando la tele hasta altas horas de la noche.

Victoria es profesora de universidad. A parte de las clases ha aceptado ocuparse de un cargo de administración porque aspira a tener un lugar importante en el rectorado. Come rápido y mal y llega muy cansada a casa, pero el «esfuerzo merece la pena» se dice cuando siente que las fuerzas le flaquean.

Ricardo y Victoria son pareja. Apenas se ven, pero ambos convergen en que su carrera es lo más importante. Tienen dos coches preciosos y una casa enorme; y también... dos hijos de tres y cinco años que «lo tienen todo» excepto a sus padres.

Hay muchísimas influencias que nos arrastran a depositar la energía y el valor en la consecución de objetivos externos; metas que poco o nada tienen que ver con la construcción de una relación de pareja afectivamente estable, en cuyo seno pueda brotar una familia. Los éxitos materiales, las actividades, los proyectos y los conocimientos no pueden llegar a satisfacer las necesidades de orden afectivo. El desarrollo de la eficacia productiva, informativa y tecnológica, donde lo que prima es saber hacer el mayor número de cosas en el menor tiempo posible, nos ha seducido de tal manera que no nos damos cuenta de que estamos encaramados a una rama a punto de caer por su propio peso. La promesa de una satisfacción enlatada y consumible sigue creando adeptos. Enloquecidos y ciegos corremos hacia un espejismo de poder, sin percatarnos del desarraigo, y que desde esta deshumanización la vida no tiene sentido. Nos hemos apartado tanto de nuestra naturaleza relacional que la vida en comunidad ha pasado a ser una especie de utopía.

En y a través de la familia se conforma la base para la vida afectiva y relacional; de ella depende la estabilidad emocional de las generaciones venideras. Curiosamente, la importancia trascendental de este hecho apenas se nombra, y cuando se hace, es desde un punto de vista moralista; y en ocasiones y esto ya es el colmo, por eclesiásticos, personas que han renunciado a la mayoría de las vivencias relacionales propias de la condición humana.

La inconsistencia de los vínculos familiares es la carcoma en las vigas de la sociedad: silenciosa, aparentemente inocua, pero con nefastas y peligrosas repercusiones. Plantear un debate social abierto, clarificador y sincero sobre el tema resulta incómodo porque aquí nadie se salva. Revisar las relaciones con la propia familia supone estar dispuestos a desvelar las irresponsabilidades y los fracasos de los que un día decidieron ser padres y madres. La hipocresía, los conflictos abiertos y aquéllos soterrados que nadie se atreve a nombrar, la incomunicación, la desidia y la falta de impulso para encontrarse, las celebraciones donde reina la tensión... En general, en el seno de las familias no hay amor, sino miedo, desconfianza y deseos de querer quererse que resultan del todo insuficientes para encarar las cuestiones del día a día. El lema parece el de «aguantar y seguir adelante», pues pararse e intentar ver qué es lo que está sucediendo significaría desvelar la mentira. Conocer la verdad supone confirmar el desamparo para

33

unos y la necesidad de asumir la responsabilidad por el daño infligido para otros. Reconocer los errores y las dificultades es el primer paso, y abre la posibilidad de recuperar los restos del naufragio familiar.

La responsabilidad y el compromiso de los padres de hoy es la semilla para los padres del mañana.

La madre

La palabra matriz y materia provienen de mater, «madre». Durante la infancia es el microcosmos sobre el que gravitamos; nos une a ella un vínculo de necesidad pura. Por sí misma es capaz de aportarnos alimento, afecto, protección, calor, limpieza, comodidad... En sus brazos integramos la vivencia de ser personas que ocupan un lugar único y valioso. Su manera de ser deja una «impronta vitalicia» sobre la cual evolucionamos. Es la forma y el sustento en el que vamos descubriendo quién somos.

El placer de su contacto abre los sentidos y presenta la vida como un lugar acogedor y gustoso que apetece descubrir. Su calidez abriga la esperanza, la armonía y la comunión. Su amor incondicional, un faro que recuerda que no hemos de esforzarnos por ser especiales, que somos deseados por el simple hecho de existir; una luz que nos conduce a nuestra propia luz. Los abrazos, las caricias, la dulzura de sus gestos y palabras amortiguan los golpes y las penas. En su consuelo y cobijo nos sentimos a salvo, en paz. Este bienestar es una sensación que inspira la creación de una nueva familia, de un hogar cálido, amable y sereno. El cariño de la madre es como la fuerza del agua, permite adaptarse, saltar por encima de las diferencias y las dificultades hacia el encuentro con los demás. En la fuerza de su amor no hay espacio para el sufrimiento, pero cuando esto no sucede, cuando las necesidades son desatendidas y maltrechas, quedamos desorientados y presos de un estado de precariedad afectiva, de desamor.

La madre es la figura intocable por excelencia. Aunque podamos tener reacciones emocionales hacia ella, nos resulta difícil dejarnos sentir el vacío, la frustración y el daño recibido por su parte. La relación con la madre, independientemente de la edad que tengamos, es el sanctasanctórum pues es el vínculo que nos une con la existencia; el patrón sobre el que nos apoyamos para subsistir y a través del cual hemos construido nuestra identidad. Cuestionarla implica, por tanto, replantearse la manera de ser y estar en el mundo. El ocultamiento y el desplazamiento de los conflictos con ella pueden llegar a mantenernos atrapados y confusos de por vida.

Hay una imagen que siempre me ha inquietado; se trata del brazo desnudo y musculado de un hombre agresivo con el tatuaje «amor de madre». Me asaltan varias cuestiones al respecto, pero especialmente dos: ¿cómo debió ser ese «amor materno» para haberlo conducido a comportarse de forma violenta y sin escrúpulos? La otra duda es sobre mí mismo: ¿dónde tendré yo escondidos esos tatuajes?

Más allá de esta reconversión y redirección de los daños originados en la relación con nuestra madre, la mayoría podemos notar de una manera u otra, la importancia de su persona en nuestras vidas. Pero... ¿cómo podemos vincularnos con alguien que no se deja conocer ni hace lo necesario para conocernos?

Aunque llama dos o tres veces por semana a su madre, Sonia tiene una sensación de vacío y soledad al despedirse. Cuando se encuentran apenas se miran a los ojos. Los abrazos son distantes, escasean los gestos cariñosos y el contacto físico y las conversaciones acostumbran a ser repetitivas y superficiales; no ahondan en cuestiones íntimas y menos aún sobre lo que le pasa a la una con la otra. Al separarse Sonia nota malestar, pero no sabe bien qué le ocurre. Quiere a su madre pero la vive como una extraña. Esto la hace sentirse culpable: «soy una desagradecida», «¡Con todo lo que ha hecho por mí!», «¡Debería ser capaz de aceptarla como es!». Pese a sus múltiples intentos, la incomunicación y la distancia entre ellas persisten.

Si nos preguntamos qué nos pasa más allá del proteccionismo hacia nuestra madre: ¿la conocemos como persona? ¿Nos ha permitido conocerla? ¿Nos ha reconocido como hijos y como personas de forma abierta y directa? ¿Sentimos su incondicionalidad y afecto? ¿Qué nos despierta su presencia?

Por imperativos biológicos absorbemos como una esponja lo bueno, pero también lo malo: desatención, falta de respeto, manipulaciones, abusos, humillaciones... La desconexión de las madres respecto a sí mismas y por tanto también, de su propio instinto maternal, es sustituida por roles, protocolos y opiniones ajenas. La falta de contacto y sensibilidad provoca en el hijo una sensación de frío y soledad. Esta clase de daños pueden haber sido recibidos de formas muy sutiles, algo que los hace aún más difíciles de identificar. Frases como «Si tú eres feliz yo soy feliz» cargan a los hijos con la responsabilidad del bienestar o malestar de la madre y la obligación de complacerla. Con aseveraciones como «lo hago por tu bien» se excusan y justifican faltas de respeto; con «si te portas mal no te querré», se chantajea al niño para que haga o deje de hacer cosas empleando como castigo lo más sagrado, su afecto. Poco a poco vamos ligando registros emocionales negativos al amor: preocupación, abuso, recriminaciones.

En una insaciable búsqueda de la incondicionalidad, los vacíos dejados por la madre son traspasados progresiva e inconscientemente a otras relaciones (pareja, amistades, gurús...). Para intentar compensar el malestar y la frustración generamos, además, multitud de comportamientos de carácter adictivo. Nos vamos convirtiendo en adultos carentes e inseguros vestidos con más o menos gracia de personas autosuficientes.

En el ámbito social esta confusa búsqueda de la madre queda reflejada por ejemplo, en la idolatría del cuerpo femenino, al que tratamos como si tuviese la potestad para saciar «como por arte de magia» todas aquellas necesidades que habrían de haber sido satisfechas a través del contacto materno (calor, acogida, alimento, placer, éxtasis). Mediante la sexualización nos aproximamos a «lo femenino» sin tener que sentir directa y conscientemente el daño instaurado en la relación con nuestra madre. Los hombres confiamos en la posibilidad de extraer de las mujeres el preciado «néctar vital» sin tener que mostrarnos ni comprometernos profundamente. Ellas por su parte, buscan la identidad femenina centrándose en la seducción, atendiendo y mostrando sólo los aspectos más superficiales.

Las directrices sociales actuales (rendimiento, competitividad, productividad, éxito social y laboral) atentan contra lo que favorece el despliegue del «universo femenino». Darle espacio supondría desentrañar las cicatrices, el sinsentido y la falta de amor que nos acuna. Adentrarse en el océano de lo femenino despierta tanta atracción como miedo y rechazo.

Para transformar la situación hemos de integrar nuevas y liberadoras formas de relación con los demás y con uno mismo; un proceso que permita incorporar aquellos aspectos propios de la maternidad y la feminidad: cariño, dulzura, suavidad, ternura, comprensión, consuelo, respeto. Sentimientos y capacidades indispensables para podernos entregar con profundidad en aquello que hacemos y amamos; con la pareja, con los hijos, las amistades, en el trabajo.

El vínculo que hemos integrado con la madre ejerce un imponente poder sobre nuestra vida. Profundizar en él es un trabajo largo y arduo, pero también una oportunidad para realizarnos como personas sanas e independientes. Poner en jaque el cordón umbilical que nos une a la existencia es un proceso delicado pero liberador.

El padre

En el padre encontramos el afecto, la comprensión y el apoyo incondicional. Es quien ayuda a ubicarse y descubrir el mundo. A través de su entrega y cercanía sentimos la seguridad; las normas y límites expresados desde el cariño y la ternura cobijan nuestra expansión vital y nos permiten crear el sentido de la realidad. Gracias a su coherencia, honestidad y claridad aprendemos a apreciar la fuerza de la verdad. Su bondad, sus principios y su nobleza ayudan a desvelar y atravesar la mentira y el sufrimiento. A través del deseo por conocernos y darse a conocer, consolidamos el impulso de ir hacia las personas con curiosidad y pureza, mostrándonos tal y como somos. El juego compartido, el descanso, las tareas..., descubrir y descubrirse acompañado, respetado y protegido. Un interés puesto por igual en los aciertos y errores, en comprender por qué hacemos lo que hacemos, qué nos pasa, qué nos falta, qué queremos; esta atención respetuosa hacia nuestra vivencia de las cosas nos ayuda a ir más allá de las formas y apariencias, a construir una visión del mundo liberadora y consistente. El reconocimiento del padre nos vincula a la vida desde la autenticidad.

La fortaleza del padre radica en valorar la relación con los suyos por encima de todo. En comunicarse y aproximarse receptivo, priorizando aquello que ayuda a sentirse más cerca de sí mismo y su propia familia. En ofrecerse para ser conocido como padre, como hombre y como persona.

Desgraciadamente, su presencia y función están desdibujadas. La ausencia del afecto y la implicación paterna es una lacra social de repercusiones inconmensurables. La extendida sensación colectiva de desamparo (cuyo significado es precisamente "sin padre") es una de las consecuencias más evidentes.

Existen diferentes actitudes extendidas ante la paternidad; está, por ejemplo, el «padre desafectado», el que pasa tiempo en el hogar pero se muestra distante y rígido. Le cuesta empatizar y entregarse y ocupa el espacio de espontaneidad familiar con su manera de pensar y hacer, incurriendo con frecuencia en el egocentrismo, el desprecio y la imposición. El «padre pasivo» es el que delega en la madre las responsabilidades que le son propias («eso pregúntaselo a tu madre»). Hay quien entiende la función de padre como un gesto de entrega puramente material; ponen el semen, la casa, la comida, el coche, los juguetes, la niñera... Para ellos, el resto de compromisos son «opcionales». Y por último está el «padre desaparecido», es el que simple y llanamente se va para no volver.

La dificultad del padre para sentirse y mostrarse de forma abierta y afectuosa relega su presencia a una mera representación de roles. Su modo de educar desde aquí, acostumbra a encallar en una falta de límites claros y consistentes y/o en un adiestramiento fundamentado en la practicidad, la distancia y un mal uso del poder. Un posicionamiento que enfatiza el valor de los hechos, el acto en sí mismo, el éxito, lo correcto o lo incorrecto, el qué dirán, el futuro... El reconocimiento hacia los hijos queda sepultado por una losa de «bienintencionado» desprecio.

En relación con el padre podemos preguntarnos: ¿dónde estuvo el espacio y el tiempo para compartir y disfrutar juntos? ¿Se interesó por nuestros gustos y sentimientos? ¿Nos conoce? ¿Nos ha permitido conocerlo? ¿Sentimos su apoyo incondicional?

Vivimos una epopeya atemporal buscando sin éxito un padre que nos reconozca como "buenas personas"; que nos dignifique; que nos haga llegar con sus palabras y sus actos que para él somos valiosos, lo más valioso. En esta inconsciente y desesperada búsqueda nos hemos convertido en apátridas deambulando sin dirección ni principios. Nuestra brújula son los efímeros y cambiantes deseos, un ideal de nosotros mismos y una apremiante e inconfesa necesidad de reconocimiento.

Hay un padre fuera y un padre dentro. Este último lo podemos reconocer en la voz de muchos de los miedos y las preocupaciones que se obstaculizan y sabotean la realización de nuestros proyectos; que desprecian nuestra manera de ser y expresarnos. Lo proyectamos en mil caras, en jefes, parejas, amigos, profesores, gobernantes, maestros espirituales, terapeutas... figurantes a quien colocamos sin darnos cuenta, carencias, frustraciones y anhelos en él originados. La mezcla de atracción, rechazo y odio que albergamos encuentran así una válvula de escape.

Religiones, idearios políticos, nacionalismos y fanatismos de toda clase encubren (en ocasiones de manera aberrante) esta necesidad de tener del propio lado a un padre justo y bueno. El dios-padre del catolicismo es un ejemplo. Dirigir hacia él las esperanzas y peticiones, parece permitirnos olvidar al padre de carne y hueso que esta vez sí, nos creó a su imagen y semejanza. Se me antoja un padre nuestro más cercano, más humano:

Padre nuestro, que estás en la tierra,
santificado sea tu nombre;
venga a nosotros tu honestidad;
hágase nuestra voluntad conjuntamente
en el conflicto y en la armonía.
Danos hoy el cariño de cada día;
comprende nuestras ofensas,
porque es debido a que nosotros fuimos antes ofendidos;
no nos dejes abandonados,
y líbranos de tus propios males.
Amén.

Para librarnos de los grilletes del miedo hemos de desvelar y confrontar nuestros orígenes. Al justificar la manera de actuar de los progenitores nos alejamos de una verdadera comprensión de la situación, haciéndonos cómplices de esta dinastía de la irresponsabilidad.

Los padres y todos los que pretendamos serlo, hemos de ser conscientes de la importancia de dar la cara ante las propias incapacidades y dificultades, y responder ante los daños cometidos; pero no en un «juicio final» sino aquí, en esta vida y ante aquellos que amamos.

La función del padre es una tarea sublime, un lazo vital, una alianza que perdura más allá de la muerte; un viaje conjunto padre e hijo/a hacia el corazón de la existencia.

Relación entre hermanos

La expresión «relación fraternal» se emplea habitualmente para definir aquellas relaciones en las que existe un alto nivel de conexión, complicidad y compromiso; donde el cuidado de la relación ocupa un lugar prioritario por encima de los conflictos de intereses o los deseos individuales. La fraternidad desde esta acepción se caracteriza por un trato de igual a igual donde las jerarquías o los roles huelgan, siendo el disfrute de la relación en sí misma lo que la define. Éste habría de ser de hecho, el patrón de vinculación sano entre hermanos y hermanas.

Tener hermanos pequeños permite asistir al nacimiento de otro ser, comprobar el milagro de la existencia desde el principio, sentirse útil, mostrar, enseñar... Y por parte del menor, aprender, tener otros modelos y referencias, encontrar ayuda, consuelo... todo ello bajo el auspicio de la inocencia y la entrega sincera propia de los niños. Una compañía con quien jugar, comunicarse, apoyarse, entenderse.

Compartir la misma sangre y convivir en una misma familia son factores que de por sí habrían de facilitar el sentimiento de comunión y cercanía. Bajo unas condiciones adecuadas, la vinculación entre hermanos debería poderse convertir en un lazo de confianza, respeto y colaboración de por vida, siendo además, una de las principales experiencias de referencia para «con-fraternizar» con los amigos.

Auscultando las relaciones entre hermanos en seguida nos damos cuenta de que poco o nada de esto es como sería deseable. En muchas ocasiones se da incluso lo contrario: rencores más o menos expresos, recelos, frialdad, indiferencia, resentimientos, luchas de poder, competencia, exigencias, rabia, odio...

Sergio y Miguel son hermanos. Sergio vive a su hermano pequeño como una carga y se irrita con facilidad ante sus demandas, especialmente cuando a éste le son complacidas. Aunque Miguel siente atracción hacia su hermano y hacia las cosas que hace, acostumbra a chincharlo hasta que consigue enfadarlo. Fluctúan entre acaloradas disputas y actitudes de aparente distancia e indiferencia. La tensión es palpable y a simple vista desmesurada. Apenas cooperan entre ellos y los padres se pasan el día regañándolos: «No os enfadéis», «no seáis malos», «haced el favor de compartir las cosas»... Pero una mirada más detenida pone al descubierto que sus padres hacen exactamente lo mismo: se pasan el día discutiendo entre ellos y con los hijos. Desatienden las necesidades de los pequeños, a los que dejan la mayor parte del tiempo delante de la tele o en el ordenador. Apenas comparten tiempo con ellos, no juegan, no hacen actividades conjuntas...

Sergio y Miguel están alterados y se descargan el uno con el otro. En circunstancias de escasez la lucha y la competencia son reacciones de supervivencia lógicas y naturales. En este caso la lucha es por la atención, la dedicación, el reconocimiento, el cariño...

La necesidad impera. Sería absurdo creer que vamos a aceptar de forma gustosa a otro ser en el seno de la familia cuando nosotros mismos no nos sentimos aceptados ni respetados en ella; un hecho por el que, sin embargo, pronto empiezan a fiscalizarnos haciéndonos sentir culpables y egoístas. «Hay que ser bueno con el hermanito/a», «hay que compartir», «hay que ser cariñoso»; exigencias que finalmente podemos llegar a hacer para evitar males mayores, pero que no podemos realizar de corazón, porque nosotros mismos seguimos carentes y faltos de atención.

El interés sincero por los demás sólo es posible en la medida en que las necesidades básicas están satisfechas. Desde la calma que esto nos proporciona se abre la disposición y el deseo de conocer al otro. Para vincularnos necesitamos pues, sentirnos atendidos y amados, de lo contrario, todo aquel que se interponga en la relación con nuestros padres pasará a ser un intruso.

La confrontación entre hermanos provocada por los padres para manipular y conseguir lo que desean es un acto enormemente dañino que se añade a la carencia que acarreamos y que deja graves secuelas en la relación fraternal. En este sentido están por ejemplo, los agravios comparativos y la declaración de preferencias en las que se enfrentan características y capacidades de manera tendenciosa y humillante: «Mira qué bien lo hace él/ella y tú en cambio...», «con lo bueno/a que es y fíjate tú...», «él/ella es más... que tú», «eres peor que él/ella», o directamente: «Me gusta más tu hermano/a porque...». Los padres, desde la priorización de sus propias expectativas e ideales respecto a los hijos, así como por la consecuente incapacidad para aceptar las diferencias, se creen con el derecho de utilizar la comparación entre maneras de hacer y ser según les conviene. Esto transmite un desprecio que poco a poco va asociándose a la presencia de los hermanos, a los que hay que parecerse para ser reconocido y deseado. Una forma de proceder que tarde o temprano acabará generando emociones contrapuestas de atracción y repulsión.

Desde la competencia hay más dificultad para expresar el reconocimiento de los aspectos positivos que observamos. Tenemos miedo de que valorar al hermano/a incremente la sensación de inferioridad. Este mutismo frente a las apreciaciones enrarece y tensa incluso situaciones que habrían de ser agradables y de celebración.

Forzar o inducir a traicionar la confianza entre ellos es otra manera de enturbiar la relación que genera distancias y resentimientos. «Dime qué ha hecho tu hermano o te acabaré castigando a ti también; venga, al menos pórtate bien tú.»

Por otra parte, los padres empiezan pronto a obligar a los hijos a hacerse cargo de sus hermanos, asignando responsabilidades y compromisos que no les corresponden y para los que no están preparados. Algo que sin duda va sumándose a la lista de inconvenientes y rechazos. La ayuda que no se entrega de manera sentida, que no surge de forma natural y espontánea, es un peso que tarde o temprano pasa factura en forma de incomunicación, juicios y exigencias mutuas. Carmen y Sandra son dos hermanas de treinta y ocho y treinta y seis años respectivamente. Comparten intereses y aficiones, por lo que pasan bastante tiempo juntas; entre ellas reina sin embargo, una atmósfera de recelo. Carmen, la mayor, acostumbra a entrometerse en las decisiones de su hermana sin que ella se lo pida; se ofende y la vive como una desagradecida si ésta no acoge bien sus opiniones. A Sandra esta actitud la exaspera sobremanera, aunque a su vez le exige una dedicación y una disponibilidad muy específicas; cuando esto no ocurre, la tilda de egoísta e insensible.

Las cargas y carencias arrastradas desde su infancia se reeditan una y otra vez. El aprecio que de fondo sienten la una hacia la otra queda embrutecido y tapado por el conflicto.

La delegación de las funciones propias de los padres a los hermanos deriva, invariablemente, en este tipo de vinculaciones negativas. Paradójicamente los verdaderos responsables de estos «desaguisados relacionales» casi nunca salen a la luz. Salvaguardar las principales figuras vinculares es una cuestión prioritaria para construir la identidad personal. Un recurso inconsciente para procesar y expresar lo que sentimos es proyectarlo sobre figuras de las que no dependemos directamente. Redirigiendo y volcando las emociones destructivas hacia los hermanos evitamos destapar el conflicto consciente con los padres.

Para deshacernos del daño y las cargas acumuladas con los hermanos tenemos que clarificar la historia personal, y recorrer con responsabilidad y compromiso el trayecto que ha de llevarnos a sentirnos personas. ¿Qué sentimos hacia ellos? ¿Qué apreciamos? ¿Qué clase de relación queremos establecer?

En la convivencia hemos compartido situaciones difíciles, pero también vivencias íntimas y luminosas, instantes de autenticidad y reconocimiento mutuo. Aunque el daño sea grande, a nuestro alcance está la posibilidad de reconstruir estas relaciones especiales y únicas de hermandad, que por motivos ajenos no pudieron florecer cuando éramos niños.

Padres que no han sido hijos

Juan y María tienen tres hijos que hace ya algunos años dejaron el hogar. Han sido testigos de la dificultad para ser padres y de cómo han repetido uno tras otro los mismos patrones que tanto habían detestado de los suyos. Nunca lograron crear un clima especialmente cálido ni amoroso en casa, aunque para ellos eso era lo «normal» en sus respectivas familias. A medida que sus hijos se han hecho mayores, la relación se ha ido volviendo aún más fría y distante. Juan y María sienten una mezcla de impotencia y resignación porque a pesar de sus esfuerzos la situación no es para nada como desearían. Los malentendidos son constantes. Mientras hablan de temas triviales o terceras personas el ambiente es de aparente lasitud, pero la tensión de fondo es palpable. Nadie se atreve a destapar abiertamente el malestar acumulado. Tienen miedo a agrandar la grieta que los separa.

La tristeza y la amargura se han ido instalando poco a poco en sus miradas. Una sensación de apatía y soledad los acompaña. Han sido padres pero no pueden sentir a sus hijos. No saben qué hacer.

Ser padre-madre sin haber podido ser plenamente niño-hijo es una experiencia muy dura. Dejarse sentir el daño ocasionado a los hijos es sumar dolor al dolor.

Cuando los hijos revisan el pasado para hallar nuevos y más saludables patrones de relación, las heridas tienden a salir a flote. Cuando esto sucede, la sensación de culpa acostumbra a adueñarse de la situación. Las actitudes defensivas pasan a marcar el posicionamiento paterno y materno y desde aquí el contacto y la comunicación resultan imposibles. Impotencia, miedo al reproche, al castigo, a la pérdida... Las disputas, las evasivas, las tergiversaciones y el rencor dibujan el telón familiar. En ocasiones todo sucede envuelto en una tensión fría; en otras, bajo una violenta tormenta de mutuas acusaciones. La tendencia habitual es, sin embargo, «hacer ver que no pasa nada», sin duda la peor opción de todas. Porque «si nada pasa» nada se puede hacer. Los estilos son diversos pero el vacío y el desconsuelo de fondo son siempre los mismos.

En general, los padres intentan dar lo mejor a sus hijos. Los aman según su propio sentido de lo que significa «amar». El deseo de «hacerlo bien» es una característica común. Pero hay que estar dispuesto a entender y aceptar que «el deseo de hacerlo bien», las «buenas intenciones» y la «preocupación» son insuficientes para atender como corresponde a los hijos. La desconfianza, los menosprecios, los juicios y el abandono siguen estando ahí, interfiriendo en el contacto.

Siempre existe la posibilidad de resarcir, al menos en parte, el daño ocasionado. Cuando el sentimiento es sincero y profundo, cuando puede más que los miedos y resistencias internas, todo padre y toda madre tiene cosas buenas que ofrecer. Cada uno debe encontrar la propia manera, con ayuda si es necesario, de liberar el daño que encierra su corazón. Lograr el espacio interno suficiente para conocer y dejarse conocer por los hijos; y sentir, en alguna medida, la fuerza del amor incondicional hacia ellos.

Todo esto no tiene nada que ver con idílicos reencuentros ni «bucólicos finales felices». Lo valioso es entregar de forma honesta lo que sentimos. Ofrecer verdad ayuda a orientar y liberar a los hijos de las cargas impuestas.

Hace falta ir más allá de los roles y las máscaras; renunciar a la imagen y mostrarse como la persona que en realidad somos. Escucharse, depurar la comunicación, deshacer malentendidos.

Una virtud indispensable para propulsarse hacia un nuevo estadio familiar es que cada uno asuma su responsabilidad. La responsabilidad es una vivencia incompatible con la culpa. Para aflojar su interferencia se requiere un proceso terapéutico profundo. Pero conocer la diferencia conceptual entre culpa y responsabilidad resulta útil, al menos, para empezar a desatascar este tipo de situaciones familiares. La culpa paraliza y estanca. La energía está puesta en identificar quién es el «bueno» y quién el «malo»; no hay lugar para la comprensión. La única salida posible es: acusar o bien someterse desde la autoinculpación y un falso sentido del perdón. Es un circuito cerrado enmarcado en las luchas de poder donde todos queremos tener la razón. Un cíclico y estéril intercambio de papeles entre víctima y verdugo. La responsabilidad por el contrario, permite dirigirse hacia un contacto real. Requiere un estado de interrogación: ¿Cómo he provocado daño aunque no fuera mi intención? ¿Quiero sinceramente conocer cómo y cuándo hago daño? ¿Qué puedo hacer para no repetirlo? ¿Puedo escuchar y entender las razones de los demás?

Hay algo que no podemos pasar por alto: Para comprender y reparar las heridas ocasionadas a los hijos hay que conocer las propias.

La palabra responsabilidad alude a la capacidad para «dar respuesta». La paternidad y la maternidad son las únicas relaciones donde una persona debe asumir que va a ocuparse de «dar respuesta» a las necesidades vitales de otra, hasta que ésta logre su propia autonomía e independencia. No hay que perder de vista, sin embargo, que cuando llegamos a la adultez, más allá de lo precarios que podamos sentirnos, somos responsables de nosotros mismos. Pero para dar respuesta a nuestras necesidades, antes tenemos que sentirlas, y esto acostumbra a ser lo más costoso. Los hijos, pasamos con frecuencia de una defensa a ultranza de la propia familia a actitudes demandantes e inculpatorias lanzadas hacia los padres desde un inaccesible distanciamiento afectivo. Actuar de este modo es comprensible dado el dolor y la desconfianza que encerramos, pero hay que ser consciente de que este posicionamiento es defensivo y evasivo. Corremos el riesgo de esperar sentirnos bien, sin permanecer sensibles a lo que de verdad nos sucede.

Para tomar decisiones responsables debemos centrarnos en lo que nos pasa, y por otra parte, estar dispuestos a reconocer lo que realmente pueden entregarnos de forma sentida las personas de nuestro entorno. Comprometerse con uno mismo supone aprestarse a un proceso de duelo por las innumerables renuncias forzadas. Permitirse vivir la tristeza, la frustración, la impotencia, la desesperación. Para salir de esa exasperante situación de «eterna espera», necesitamos apoyo, sentirnos acompañados, comprendidos, atendidos. Por eso hay que tener presente que la responsabilidad con uno mismo implica también aprender a dirigir los esfuerzos de manera inteligente hacia aquellas personas disponibles y capacitadas que sí pueden satisfacernos.

Aunque como adultos autónomos nuestro proceso evolutivo no dependa ya de nuestros familiares, lo cierto es que los gestos sinceros y cercanos que se reciben en esta biológica y consagrada relación siguen siendo enormemente gratificantes y reparadores. Bendiciones que ayudan a romper esta cadena de distanciamiento e incomunicación que arrastramos de generación en generación; que ayudan a reconciliarse con el origen y recuperar la fuerza del clan; a aflojar la negación generalizada hacia la humanidad; a confiar en uno mismo y en los demás.

EDUCACIÓN

Atentados contra la naturaleza humana: la injusticia

El agravio, la desigualdad y la infamia son algunas de las vivencias que más desasosiego nos provocan. Resentimiento, rabia, odio... Casi todas las emociones de enfado parecen engranarse de un modo u otro en la sensación de haber recibido un trato «injusto». El propio sentido de la "justicia" ampara disputas, guerras, genocidios, torturas, vejaciones, venganzas, abusos, acosos y toda clase de perturbados despropósitos. Lo paradójico del tema es que en la mayoría de los conflictos, si existiese una mínima disposición hacia el entendimiento y la comunicación, encontraríamos soluciones creativas, consensuadas y mínimamente satisfactorias para todos. Supongo que huelga comentar que esto apenas sucede.

Al observar de cerca y desde un punto de vista psicológico situaciones de conflicto interpersonal, atestiguamos fuerzas inconscientes mucho más poderosas que el deseo de entendimiento. Subyacen acérrimas actitudes defensivas que hacen imposible la comunicación. Desde la defensa, el patrón es siempre el mismo: ganar y someter, o bien: someterse y reservar la venganza para un momento más propicio.

La increíble tenacidad de las luchas de poder pone de manifiesto un hecho incuestionable: preferimos salvaguardarnos de las posibles manipulaciones y aferrarnos a lo conocido, que abrirnos al encuentro con los demás. ¿Por qué el nivel de desconfianza es tan alto? ¿Acaso descartamos la posibilidad de sentirnos comprendidos? Ateniéndonos a los hechos, actuamos como si en el fondo hubiéramos renunciado definitivamente a ello.

¿Cómo se ha generado este sentimiento de injusticia e incomprensión tan arraigado? La «justicia» es una virtud que define la capacidad para dar a cada uno lo que le pertenece. Se asocia al merecimiento por derecho propio (Diccionario de la Real Academia Española, DRAE). Curiosamente, si nos centramos en las necesidades afectivas básicas para un desarrollo saludable, descubrimos que durante nuestra formación como individuos no acostumbramos a recibir lo que nos corresponde. Y no sólo eso, sino que en innumerables casos la cultura promueve y se organiza en torno a pautas insensibles, que atentan precisamente contra el correcto despliegue madurativo.

Al margen de la infinidad de ultrajes propios de cada historia personal, quiero centrarme a continuación en algunas de estas injusticias socialmente consentidas, tomando únicamente el periodo prenatal y la primera infancia. Una panorámica que nos dará sin duda, una comprensión más amplia del porqué de este tan arraigado y extendido sentimiento.

Desconsideración hacia el embrión

El embrión es un ser sensible, perceptivo y con memoria. La existencia de estas facultades sensitivas resulta por lo general admisible, pero en la práctica éstas apenas son tenidas en consideración. La tendencia general es tratar todo este período como si fuese un «momento de transición» sin mayor trascendencia. Actuamos sin demasiado interés por saber qué es lo que realmente le ocurre al embrión dentro del útero, porque si lo hiciésemos podrían empezar a surgir incómodos interrogantes. Preguntas tales como: ¿deseo realmente tener este hijo/a? ¿Existe el entorno de amor, tranquilidad y seguridad necesarios? ¿Cómo me siento como padre/madre durante el embarazo? ¿Qué función cumplo y qué aporto al bienestar del feto? ¿Cómo vivo su llegada?

Por desgracia lo habitual poco tiene que ver con lo adecuado: parejas y matrimonios en permanente crisis que intentan arreglarlo y evitar rupturas a través de los hijos. Padres inmaduros, relaciones inestables, madres solteras y desamparadas, embarazos no deseados, abandonos, procesos de inseminación forzados y traumáticos... la lista sería interminable. Evidentemente es imposible ofrecer las condiciones perfectas para la vida porque de una manera u otra, todos estamos emocionalmente precarios; pero tampoco nos engañemos, nada de esto es bueno ni justo para el nuevo ser.

Agresiones innecesarias durante el embarazo

En la medicina, el embarazo es tratado prácticamente de igual forma que el seguimiento de una enfermedad, lo cual significa: diagnosticar e intervenir (medicar, operar, etcétera). Mediante el «intervencionismo» los médicos se «curan en salud», en especial a ellos mismos.

Desde el miedo estamos dispuestos a hacer lo que haga falta. En ocasiones, basta con detectar un nivel alto en un análisis para iniciar un protocolo de pruebas e intervenciones intrusivas de dudosa urgencia (la amniocentesis acostumbra a ser una de ellas). Más allá del evidente peligro físico de esta clase de pruebas, existe otro con unas repercusiones iguales o incluso mayores para el feto: el alarmismo y el miedo que los médicos inoculan en los padres.

¿Quién tiene en cuenta lo que siente y expresa la madre? ¿Qué medios se disponen para ofrecerle un ambiente de bienestar y confianza? ¿Cómo se ayuda a los padres a vivir su embarazo como algo bello y natural? ¿Cómo se favorece la sensibilización, el contacto y la vinculación de los padres con el feto?

Parto: anulación de la madre y forzamiento al bebé

El momento de «dar a luz» es una de las vivencias cumbres de la vida. El feto decide salir al mundo exterior. Una serie de desencadenantes hormonales enviados al cuerpo de la madre dan inicio al proceso natural de expulsión. Ésta, si está sensible y receptiva, acompañará al bebé apoyando sus movimientos y su ritmo, alumbrándolo con su presencia; en una especie de danza guiada por una comunicación visceral e instintiva. Es un momento especialmente íntimo; en el entorno, las condiciones deben ser dispuestas para favorecer la tranquilidad. A través del contacto con su entregada madre, la criatura va incorporando, entre otras cosas, el respeto, el reconocimiento y la acogida.

Resulta horripilante comprobar que en los partos hospitalarios casi todo está orientado en la dirección contraria. De manera cada vez más frecuente e innecesaria, los partos son concertados de antemano. Actualmente, los partos cesáreos superan la injustificable cifra del veinticinco por ciento, ¡uno de cada cuatro! Sin lugar a dudas esta manera de proceder facilita la organización del personal sanitario evitando que se acumulen muchos partos de golpe, pero una vez más parecemos pasar por alto que la abducción por la fuerza sin tener en cuenta el momento y la necesidad de la criatura, es una experiencia traumática de graves repercusiones para los padres pero sobretodo para la criatura. Empiezan a aparecer estudios por ejemplo, que demuestran una correlación entre los partos por cesárea y ciertas enfermedades. El riesgo de sufrir diabetes de tipo uno, por ejemplo, es un veinte por ciento mayor en las personas nacidas de este modo.

En los partos vaginales el protagonismo sigue estando en manos del médico. A partir del momento en que la parturienta entra en el hospital, el ritmo y la forma de actuar queda bajo el criterio del médico de servicio. Osar contradecirlo puede suponer echar mano del protocolo: diagnóstico, advertencia y amenaza, y pocos padres tienen la fuerza y la entereza para hacerse respetar bajo tales presiones.

Michel Odent, obstetra francés que ha estudiado durante décadas las condiciones y técnicas para el parto, indica la importancia de crear un ambiente íntimo. Recomendaciones tan lógicas como que haya poca gente en la sala; que el padre pueda estar presente para ayudar y dar apoyo afectivo y seguridad; asegurar la protección del lugar y la posible intendencia; transmitir tranquilidad a la madre; facilitarle la movilidad y la expresión del dolor (poder gritar, agarrarse para empujar...); dotar el espacio de confortabilidad (luz tenue, calor, mantas y otros objetos que le permitan sentirse recogida); efectuar intervenciones mínimas y sólo cuando son imprescindibles. Trágicamente, lo habitual es lo siguiente: la parturienta se encuentra rodeada de gente desconocida a la que no puede verle la cara debido a las mascarillas; el padre no acostumbra a ser bien recibido; la iluminación es excesiva; el posicionamiento de la mujer limita su movilidad y le impide empujar correcta y libremente (cuerpo recostado, piernas abiertas a cierta altura, con la vulva expuesta al personal); mala acogida e incluso represión de las expresiones emocionales y del dolor; quebrantamiento del proceso neurovegetativo y del reflejo de expulsión: la oxitocina administrada provoca contracciones desacompasadas y más dolorosas; la epidural causa la insensibilización y por tanto aumenta la descoordinación con el movimiento de la criatura; la monitorización y los sonidos provenientes de las máquinas (sonidos amplificados del corazón, etcétera) generan nerviosismo y alteraciones de los biorritmos. Intervenciones innecesarias (fórceps, episotomías...), palpaciones vaginales innecesarias, etcétera. La falta de intimidad es casi total.

Las condiciones han estado diseñadas para la comodidad de los médicos y la madre es tratada como una enferma que va a ser operada. ¿Cómo repercute todo ello en la criatura? ¿Qué es lo más conveniente para ella? ¿Quién tiene en cuenta sus necesidades?

Represiones, sustitutivos y profecías autocumplidas

Por lo general, la necesidad del bebé es percibida como una propensión a la manipulación de los adultos, fruto de una «naturaleza antojadiza» que hay que atajar cuanto antes. Aspectos tan cruciales para un crecimiento saludable como ofrecer el pecho, cogerlo en brazos o dormir desde la seguridad de sentir a los padres cerca, son considerados muchas veces como meros «caprichos».

Los que hemos sido tratados desde un poder autoritario e impositivo tenemos la tendencia a creer que para crecer adecuadamente hay que aprender a aguantarse y someterse a las decisiones de los mayores. A esta represión forzada la llamamos «aprender a ser bueno y respetuoso». La tendencia es reconducir al niño hacia el ritmo y los requerimientos de los adultos, intentando que sea él quien se adapte a los demás. Algunas ideas en las que se sustenta esta manera de actuar son: «la necesidad de los pequeños es insaciable» y «cuanto más les das, más piden». Creencias malditas que acaban confirmándose y sobre las cuales los adultos acostumbran a reforzar su autoritarismo. Padres incapaces de identificar y dar a sus hijos lo que realmente necesitan ofrecen sustitutivos que siempre saben a poco y por tanto, los niños siguen pidiendo. Las fuertes y lógicas reacciones emocionales no tardan en llegar. Tristeza, reacciones impulsivas y violentas... Tras ese telón de insaciables demandas se esconde una sensación de desconsuelo, distancia e incomprensión, que pocos atinan a ver.

Destetes prematuros

Nos caracterizamos por mamar, de ahí proviene el término mamífero. El amamantamiento, a parte de proporcionar los nutrientes necesarios y reforzar el sistema inmunológico, es un ritual de contacto que fortalece el vínculo con la madre, asentando los futuros patrones de relación. El calor de la madre transmite tranquilidad, seguridad, confortabilidad, placer y bienestar.

El destete en los mamíferos sucede de forma natural y gradual, y está determinado por procesos biológicos y psicoemocionales propios de cada cría. Desgraciadamente, en la actualidad, son pocos los bebés que maman a demanda del pecho de sus madres, y en la mayoría de los casos el fin de este crucial momento de nutrición y comunión, está marcado por el permiso de maternidad.

La principal causa de este destete prematuro es la desconexión de las madres respecto a su instinto maternal (los conflictos inconscientes a este nivel también acostumbran a provocar somatizaciones que incapacitan corporalmente para dar de mamar). Pero hay muchos otros factores que influyen y agravan la situación: la ineptitud de muchos médicos y supuestos especialistas; los consejos y las presiones de familiares y amigos «bienintencionados». El pudor a mostrar los senos en público, el celo y el recelo de ciertos maridos, obtusas medidas políticas...

Al organizarnos como sociedad en torno a una cadena de montaje productivo-consumista, abocamos al desastre aquellas necesidades que definen precisamente nuestra condición humana.

Distanciamiento físico

El contacto físico con los progenitores es fundamental e insustituible por todo lo que recibimos a través suyo. Sedimenta la confianza en los demás y en uno mismo y asienta los cimientos para las venideras situaciones de interrelación.

De forma imprudente la presencia de los padres empieza a retirarse e incluso a considerarse apropiada, en edades donde la dependencia vincular es aún enorme. La internación en guarderías y las escolarizaciones prematuras son ejemplos de prácticas normalizadas en este sentido, donde los niños son separados de sus padres y recluidos bajo unas condiciones de atención afectiva a todas luces insuficientes. Las necesidades económicas en muchas ocasiones justifican la decisión; en otras, ni eso, pero en cualquier caso conviene saber que actuar así es injusto y dañino para el niño.

En los hogares también acostumbra a desplegarse toda una infraestructura para que no molesten: parques, carritos y cunas son a menudo empleados para «sacarse al niño de encima»; teles, ordenadores y consolas para «que no dé la lata»; chupetes y biberones para «taparle la boca»; Todos estos objetos son útiles para la comodidad del adulto, pero poco o nada tienen que ver con las necesidades del pequeño cuando son empleados para «aparcarlo» y «acallarlo».

A modo de anécdota, me gustaría compartir algo que para mí fue tristemente revelador. Para la cría de caballos, otro mamífero como nosotros, existe un procedimiento habitual consistente en alejar al potro de su madre. Alrededor de los seis meses se les separa durante uno o dos meses. Al reencontrarse, el potro no reconoce a la madre. El proceso de vinculación con ella se ha roto. La cría, desarraigada, se somete así a la doma con mayor facilidad. Creo que las analogías huelgan.

Forzar a los pequeños a dormir solos

Sentir el contacto físico con los padres ofrece a la criatura la seguridad y la tranquilidad necesarias para disfrutar de un descanso profundo y reparador. Lamentablemente este conocimiento instintivo tan elemental no suele ser atendido con la importancia que merece. El deseo de comodidad de los padres, las presiones externas por parte de terceros o el querer mantener los mismos espacios de intimidad y sexualidad que existían antes de la llegada del hijo, son algunos de los factores que hacen que la disponibilidad y la adaptación a las necesidades de los pequeños se vean pronto recortadas. Para los padres que trabajan con horarios poco flexibles aparece otra disyuntiva a resolver: ¿atender al hijo o adaptarse al ritmo laboral?

De esta tendencia generalizada sacan partido muchos planteamientos de aspiración pedagógica y pediátrica, más interesados en la demanda de los padres que en el bienestar de los infantes, y para los cuales el fin justifica los medios. Actualmente existen varios métodos de regulación del sueño, que para hablar con propiedad habrían de denominarse de «adiestramiento humano» con los que se fuerza a las criaturas a dormir de una manera predeterminada (en España, el del señor Estivill es el que está más de moda). Todos estos sistemas se alaban y comercializan añadiendo, por supuesto, una justificación racional y práctica sobre la importancia y los beneficios obtenidos. Eso sí, las traumáticas consecuencias psíquicas y emocionales se obvian, pues quienes aplican estas técnicas acostumbran a estar tan lejos de sentirse a sí mismos, que difícilmente pueden atisbar los nefastos trastornos que ocasionan en los niños. Creo importante aclarar que en último término la responsabilidad no es del supuesto especialista, sino del padre y la madre que son los que, mediante su sensibilidad y principios, han de tomar las decisiones que afectarán a la vida de sus hijos.

Frente a las dificultades prácticas respecto al tiempo y el espacio de descanso compartido con los hijos, creo que pueden ser de ayuda preguntas como: ¿Cuál es mi escala de valores como padre/madre? ¿Priorizo mi trabajo al bienestar de mi hijo? ¿Por qué no me planteo reclamar o negociar otras condiciones en mi empleo, o bien me busco otro? ¿Concibo opciones creativas y diferentes respecto a mis momentos de descanso? ¿Y en lo referente al encuentro íntimo con mi pareja?

Entorno a todo este período de crianza recomiendo las obras de la psicoterapeuta Laura Gutman, del pediatra Carlos González y de la psicóloga Rosa Jové. Todos ellos están ayudando a recuperar y difundir una sensibilidad y humanización en el trato hacia los niños durante estas etapas tan delicadas de la vida.

Nos pasamos el día reclamando un trato especial por parte de los demás, arguyendo sobre «lo injusta que es la vida». Pero en la mayoría de los casos, esa sensación de injusticia va con nosotros; nos fue impuesta en el pasado, cuando no teníamos otras salidas. Cuando necesitábamos recibir (según la definición de justicia) lo que nos pertenecía y merecíamos por derecho propio. Ahora como adultos somos responsables de nosotros mismos, y para ello tenemos que aprender a ser directos, a poner los límites pertinentes y a orientarnos hacia situaciones y personas que puedan apreciarnos y nutrirnos de verdad. La injusticia sufrida fue real. Por eso, para recuperar la confianza en el ser humano necesitamos recibir actos concretos y persistentes que la restituyan.

Terrorismo emocional

Terrorismo significa literalmente «dominación mediante el terror»; conseguir que otro haga lo que uno quiere provocándole un estado de miedo intenso.

En esta sociedad existe una forma de terrorismo normalizada y aceptada en los procesos de educación, que vale la pena considerar por las enormes implicaciones que conlleva.

Si intentamos ponernos por un momento en la piel de un niño, nos daremos cuenta de que no hay nada más terrorífico que recibir un ataque desproporcionado e incomprensible por parte de aquellos de los que dependemos. Debido a la sensibilidad y vulnerabilidad de esta etapa, el sometimiento por la fuerza puede ser experimentado como la transformación del adulto en una especie de «monstruo». Además, los abusos y las manipulaciones para lograr el control acostumbran a justificarse con un tajante: «lo hago por tu bien», y cualquier cuestionamiento puede ser utilizado para incrementar el sentimiento de culpa del «desagradecido» pequeño.

Para entender a qué me refiero pondré una sencilla analogía: Dos amigos están tomando un café en un bar y uno de ellos hace algo que al otro no le parece bien, por ejemplo, pone un pie encima de una silla; de repente el otro se levanta y empieza a gritarle a escasos centímetros de su cara; seguidamente le agarra de un brazo, lo saca a la calle bruscamente y le golpea diciéndole que ya no lo quiere como amigo. Cualquiera puede ver un acto de agresión en este modo de comportarse, sin embargo el sometimiento por atemorización y coacción es comúnmente aceptado en el trato con los niños.

En el proceso de maduración emocional necesitamos sentir seguridad en las relaciones con quienes hemos de vincularnos. Para empezar a explorar abiertamente el vasto y desconocido mundo, es indispensable disponer de unas personas adultas a las que recurrir. Sentir que los nuestros nos quieren y protegen es una necesidad absolutamente prioritaria y la base para la formación de la personalidad. Cuando en el entorno familiar domina la inseguridad o la agresión, inconscientemente forzamos la percepción de la realidad. En un intento por salvar la propia integridad psicoemocional, el terror se desplaza a un plano subconsciente y se desvincula de la relación con las personas cercanas. El miedo, que por supuesto sigue existiendo, pasa ahora a manifestarse y expresarse redirigido a través de otras situaciones, personas y fantasías. Esta escisión respecto a la causa original hace que no podamos comprender el porqué del miedo, ni sentir el daño real que dichos abusos generan, lo que permite entender por qué estos actos son tan persistentes y se traspasan casi invariables de una generación a otra. Más tarde, como adultos, los enmascaramos y justificamos en forma de principios morales e ideales, que suelen cursar con conductas intransigentes y violentas, además de todo un abanico de patologías (obsesiones, compulsiones, perversiones...). Para los que deseen profundizar en el tema recomiendo el lúcido libro de Alice Miller titulado precisamente, «Por tu propio bien».

En la actualidad vivimos una cruzada contra el terrorismo sin tener en cuenta el terror que albergamos dentro. Cualquier intento de abordaje desde esta falta de comprensión está condenado al fracaso, porque todos creemos estar en el bando de los «buenos». Necesitamos creer en la existencia de unos «malos muy malos» para mantener el ruido de una batalla externa, que relegue al olvido la fuente del propio y profundo miedo. Como triste ejemplo tenemos la guerra de Irak, iniciada por el presidente George Bush y secundada por otros dirigentes, en ese autoproclamado «Eje del Bien», que se ha cobró la vida de miles de personas y cuyo número sigue creciendo debido a la desestabilización creada. Una masacre sustentada en el miedo y en unas amenazas infundadas, como más tarde se demostró (la tenencia de armas de destrucción masiva), que sirvieron de pretexto a todos esos líderes políticos para matar y justificar las atrocidades cometidas. Las torturas de la cárcel de Abu Ghraib son una de las representaciones de ese horror sin sentido, promovido por gente irresponsable inconscientemente aterrorizada.

Podemos arrasar al extraño sin compasión, pero dejarse sentir el miedo con respecto a la gente más cercana es algo que intentamos desterrar a toda costa; hacerlo significa asumir la responsabilidad de una enorme y desestabilizante desconfianza. Si no puedo confiar en los míos, ¿en quién puedo confiar?

Se trata de un tema que despierta mucha susceptibilidad, pues todos de alguna forma estamos afectados e implicados. Tomar cosnciencia es el primer paso para descubrir que la vida es mucho más de lo que nos mostraron y que es posible vivirla desde la médula. Ofrecernos un espacio y unas condiciones para sentir y expresar el terror que llevamos dentro no es tarea fácil, pero recuperar la fuerza «retorcida» que habita en nuestro interior ayuda a romper los grilletes que nos separan de la autenticidad.

Sobre el castigo

Los estudios conductistas y cognitivistas sobre el aprendizaje dejaron claro que el castigo es un método eficaz para modular la conducta humana. Para conseguir, en definitiva, que el castigado haga lo que el castigador desea.

Actualmente el castigo físico está mal considerado, por eso los «avatares de las formas y los buenos modales» han visto el cielo abierto explotando una clase de castigo que permite al castigador salir airoso y hasta con una sensación de orgullo condescendiente. La fórmula es sencilla: se trata de manipular al niño sustituyendo el clásico cachete por una privación afectiva. Es decir, aislarlo dejándolo solo e incomunicado, sometiéndolo a la indiferencia y la desatención de la gente que quiere y de la cual depende.

En las escuelas está bastante extendido un sistema que algunos llaman «la sillita de pensar». Consiste en dejar a la criatura durante el tiempo que el adulto determina, sola, incomunicada, sentada y quieta en una silla, con el pretexto de hacerle reflexionar sobre algo que ha hecho mal o ha dejado de hacer. Existen programas de televisión dedicados a vender recetas para adiestrar a los niños que inciden hasta la saciedad en la misma fórmula (Supernanny es uno de ellos): «Tú no le grites, y sobre todo nunca le pongas la mano encima..., simplemente no le hables durante un par de horas, déjale que él vaya sacando sus propias conclusiones de lo que está bien y mal», le comenta la «superniñera» a la madre. Están también los que utilizan estos sistemas para obligar al niño a dormir solo y durante unos horarios determinados. En estos casos el mismo tipo de castigo por privación afectiva se aplica de forma descarada y atroz, hasta doblegar la fuerza instintiva que impele a todo niño a buscar la seguridad del contacto con sus padres. Dicho sistema los fuerza hasta el extremo, hasta que sucumben a la evidencia: sus padres no van a atenderlos. A partir de ahora deberán encontrar otra manera de afrontar la desprotección, el miedo y la soledad; la desconexión respecto a los propios sentimientos resulta, para estos casos, lo más "efectivo".

En cualquiera de los casos, nadie los toca, nadie les chilla y sin embargo, acaban accediendo a los designios de los adultos. ¿Magia? No. Humillación y manipulación afectiva de graves consecuencias.

Las sanciones que más duelen son las que afectan al vínculo. El abandono, la condena a la soledad forzada, la indiferencia, el chantaje afectivo.

Hace ya mucho tiempo que se tiene conocimiento de las terribles repercusiones causadas por una educación que quebranta las necesidades vinculares. En la década de los cincuenta, el psicólogo John Bowlby comprobó como los pequeños sometidos a las desatenciones y las ausencias de las figuras parentales desarrollaban progresivamente indiferencia y desafección, en especial hacia las relaciones humanas. Tristeza, desconfianza, agresividad y una separación de los afectos que los arrojan hacia actitudes demandantes y/o de apariencia depresiva; compulsiones, dispersión, hiperactividad y confusión, entre otras. Estados que acaban instalándose como telón de fondo para el resto de la vida, tras, claro está, las máscaras y los roles pertinentes.

Si como niños somos premiados o castigados en función de lo que se espera de nosotros, ¿de qué trata la existencia? ¿Qué lugar ocupamos en la vida?

Los métodos de regulación del comportamiento basados en el premio y el castigo ponen de manifiesto que lo importante es lo que uno hace y consigue y no lo que siente y expresa. Es el modus operandi de la manipulación y el desprecio hacia la vida. Pero estamos tan impregnados de él, que no nos damos cuenta de sus secuelas. La educación, las medidas políticas, la justicia... prácticamente todo funciona a través de este sistema. La filosofía de fondo es la siguiente: «El ser humano es malo y tonto por naturaleza»; no sabe «hacer el bien» si no es por la fuerza y la obligación y debe por tanto, ser reconducido por figuras de autoridad «que sí saben».

A finales de 2007 se cerró en España un estudio que pretendía aumentar la protección legal del menor contra los castigos y abusos psíquicos y físicos. Lo que podía haber sido una oportunidad única para abrir un debate colectivo y sacar a la luz uno de los aspectos más cruciales para la buena cimentación del funcionamiento social, se convirtió en papel mojado. Peor aún, pues en las conclusiones se volvió a remachar la justificación del castigo físico como algo necesario e inocuo. Algunos de los «expertos» basaron sus argumentos en sentencias como: «A mí de pequeño me pegaron y estoy perfectamente».

Los que no se han atrevido a acercarse voluntaria y conscientemente a las zonas donde residen las lesiones emocionales por los abusos de poder recibidos, no tienen potestad para opinar sobre este tema. No se conocen ni quieren hacerlo, y lo mejor que pueden hacer es, por tanto, callar.

Aparentemente, cuando se castiga hay un interés hacia el reprendido, pero en realidad sólo es un intento de deshacerse del malestar inconsciente que esa situación despierta en uno.

El padre de Carlos ha vuelto a perder los papeles. En esta ocasión lo zarandea bruscamente mientras le grita: «¡Te he dicho que no le pegues a tu hermano!, ¿me has oído? ¡La próxima vez te voy a dar una bofetada que te vas a enterar!». Se supone que el padre tiene el interés puesto en que Carlos no se comporte de forma violenta. Supongo que no hace falta comentar la incoherencia.

Los padres, inconscientemente, utilizan el castigo para descargar la amargura, la impotencia y la frustración acumuladas. Lo hacen amparados por el poder absoluto que les otorga la privacidad y la superioridad física e intelectual, pero sobre todo, por la total dependencia afectiva del menor. Estas situaciones de descarga y abuso de los propios padres hacia los hijos son las que dejan las secuelas más graves, porque si tuviéramos otros registros relacionales no haríamos ni permitiríamos lo que después, de adultos, aceptamos como algo normal con jefes, parejas, amigos y desconocidos.

Teniendo en cuenta que desde la cuna hemos mamado de las relaciones de poder hasta interiorizarlas como propias, es lógico que posteriormente el premio y el castigo sean los momentos de mayor excitación. Nuestro morboso interés por los linchamientos y humillaciones mediáticas, las historias cinematográficas de venganza, las guerras psicológicas entre familiares, parejas, compañeros, etc., hablan de ello. Las adicciones destructivas y el sadomasoquismo (en todas sus vertientes) hablan por sí de la confusión que ha generado el castigo en nuestras vidas.

La extendida implantación del castigo refleja nuestro fracaso como sociedad. Es el dramático colofón de una cadena de desatención, incomprensión y falta de respeto. Es sumar dolor al dolor. Un absurdo institucionalizado.

Sentir que esta manera de proceder es algo que atenta contra la vida es un valioso punto de partida para poder poner los límites adecuados cuando somos agredidos, y para cuestionar también la legitimidad de los propios actos. Una semilla que puede ayudarnos a romper el macabro circuito de maltrato entre generaciones.

Los padres tienen la oportunidad de aprender de sus hijos, de dejarse impregnar por la inteligencia, la espontaneidad y su inherente bondad. Es una segunda ocasión para recuperar el contacto con la inocencia.

Nerea tiene tres años, sus padres han hecho un proceso de terapia personal que les ha permitido responsabilizarse mínimamente de su propio malestar. Son conscientes que conectan fácilmente con el dolor de su carencia cuando su hija expresa con fuerza y espontaneidad sus necesidades. Esto les ha permitido tratarla de forma más respetuosa y cercana, evitando corromper la relación con abusos de poder. Pese a las profecías catastrofistas de amigos y familiares («la estáis mimando demasiado», «no hay que dejar que se salga con la suya», etcétera), los padres se mantienen en lo que consideran adecuado para su hija. La entrega y dedicación tiene ahora sus frutos. Nerea se siente alegre y confiada, y ellos están descubriendo una vitalidad y una flexibilidad interna hasta entonces desconocida. Cosas que antes eran «importantes y graves» ahora ya no lo son tanto, y otras que por sencillas pasaban desapercibidas, ahora son primordiales. En la familia reina un buen clima. Se sienten bien.

Cuando las necesidades afectivas están cubiertas, la aceptación de los límites cotidianos es más llevadera, y no hacen falta desplazamientos hacia demandas intrascendentes y berrinches que esconden mucho más de lo que parece.

Los niños saben lo que quieren porque simple y llanamente lo sienten. Los límites que necesitan deben ser claros y firmes, pero siempre a favor de su desarrollo; acordes con su capacidad de comprensión, desde la verdad y coherentes con una máxima: favorecer su manera de ser y aquello que ha de permitirles vivir en comunidad.

Detenerse frente a la tendencia que nos impele hacia el castigo es una oportunidad que puede cambiar el curso de la vida, la de los hijos y la de los padres.

La maldad y el egoísmo son el resultado de una falta previa de cuidado. Es la marca de una carencia subyacente. Amar implica conocer, sentir y comprender esa necesidad insatisfecha, y ofrecer algo para saciarla.

El origen de la violencia

La violencia cometida contra la integridad física y psíquica es fruto de una perversión. La agresión en el ser humano, al igual que en el resto de animales, sólo es natural, y por tanto buena, cuando es en defensa propia y de lo propio (territorio, alimento, recursos, familia, etcétera); el resto son malversaciones de esta respuesta instintiva. En sus diferentes acepciones, la palabra violencia nos remite, de hecho, a algo que está fuera de su estado natural; falso, torcido, que se realiza fuera de la razón y la justicia (DRAE). Y al igual que el concepto de «violación», tiene que ver con imponer por la fuerza los propios deseos.

¿Por qué estamos entonces tan sumidos en este clase de actitudes? ¿Por qué las aceptamos, promovemos y consumimos a diario en los medios de comunicación? ¿Por qué las repetimos una y otra vez con extraños y conocidos? ¿Por qué educamos o pretendemos educar empleándola?

El origen de la tendencia a cometer actos violentos y destructivos está en la violencia y la destrucción recibida cuando éramos niños. Actitudes a menudo difíciles de identificar cuando son ejecutadas de manera indirecta o pasiva. En el ambiente familiar todo queda oculto. El niño está en inferioridad física, mental y emocional, y necesita referencias que le permitan saber qué es bueno y qué no lo es; esto lo deja totalmente expuesto a la gente de su entorno. Su dependencia afectiva y material es total. Manipular y abusar de una criatura bajo estas condiciones conlleva funestas consecuencias. Secuelas que marcan la vida afectiva y relacional de la persona, y que conforman el sustrato del resentimiento y el odio que enturbia las relaciones.

La violencia forma parte de nuestro día a día; incluso cuando parece que todo está tranquilo, el miedo a la agresión, a la amenaza o a la humillación determina nuestras decisiones y movimientos, entorpeciendo la comunicación y llevándonos a inventar fantasmas y ataques donde no los hay. Éstas son algunas de sus consecuencias: las actitudes beligerantes, la dificultad para expresarse, el aislamiento y el retraimiento social, la evitación de situaciones conflictivas, las actitudes sumisas, la limitación para crear vínculos fuertes y estables y tirar proyectos adelante... Todo ello tiene que ver siempre y en alguna medida con el miedo a la agresión. La hostilidad que recibimos al llegar a este mundo e incluso antes (en el vientre materno), cuando es incorporada a través de las relaciones vinculares, corrompe los posteriores intentos de expansión. ¿Por qué habríamos de creer que seremos bien recibidos, cuando se nos ha atacado y se nos ha faltado al respeto por parte de aquellos que se suponía que más nos amaban?

Peter es una persona adulta tranquila e introvertida. En general se encuentra cómodo en las situaciones sociales pero hay algo que lo altera enormemente: no soporta los gritos ni los tonos altos, sobre todo si van dirigidos a él. El conflicto abierto y las expresiones de malestar pueden llegar a despertarle fuertes estados de angustia. En esta ocasión el detonante fue un desacuerdo expresado de manera directa por un amigo: «¡No me gusta eso que has hecho! ¡Me ha sentado mal!». De repente Peter no podía seguir escuchando, era como si todo a su alrededor se difuminase. El corazón acelerado, una fuerte presión en la cabeza y en el estómago, flojera en las extremidades y sensación de náusea y aturdimiento. Imbuido en un estado de alerta y amenaza, acusó e insultó a su amigo, marchándose del lugar con un sonoro portazo. En realidad apenas conoce el motivo exacto de la queja del compañero, ni recuerda lo que él mismo contestó. Desde entonces no se han vuelto a ver.

Cuando hemos sido víctimas de actitudes violentas persistentes durante nuestra infancia, un simple gesto o comentario puede provocar reacciones emocionales y corporales desmesuradas. Los miedos inconscientes afloran y nos preparamos para defendernos ante una supuesta e inminente agresión. Son momentos en los que nos desconectamos de la realidad. Regresamos a estados propios de experiencias vividas durante la infancia. Situaciones donde abusaron de nosotros y donde nos obligaron a hacer las cosas mediante la imposición y la coacción. Momentos en los que estuvimos expuestos a una fuerza mayor e implacable. Donde nos sentimos impotentes e indefensos, con el cuerpo encogido, desconcertados, presos del desconsuelo, la rabia y el terror. Experiencias de ostracismo y desesperación. Vivencias que normalmente dejamos sumergidas en algún rincón del inconsciente, hasta que... un aparente detalle sin importancia desata la tormenta.

Lo más calamitoso del caso es que quien ha crecido bajo una educación que daba por buena y necesaria esa manera de proceder, acostumbra a normalizar las agresiones convirtiéndose en el siguiente verdugo de esta trágica saga del desvarío.

Jaime ocupa un alto cargo en una empresa internacional. Es una persona aguerrida y con dotes de mando. Colabora con diversas organizaciones deportivas y no tiene reparos a la hora de defender con vehemencia aquello que considera justo. No obstante, no lleva bien las críticas, sobre todo cuando provienen de su entorno más cercano, en especial su mujer y su madre. Para evitar sus quejas intenta complacerlas en todo lo que puede, pero las demandas y los conflictos no cesan. Esta situación lo mantiene alterado y últimamente padece dificultades de concentración e insomnio. Se siente maltratado, pero también culpable. Evita llegar pronto a casa, bebe más de la cuenta y desvía su frustración y malestar descargando su rabia en el trabajo.

Llama la atención que aunque podamos mostrar ímpetu y seguridad en ciertos ambientes y situaciones, paralelamente, frente a determinadas personas y acometidas seamos incapaces de actuar y defendernos.

Para poder hacer frente a una agresión primero hay que identificarla, pero el problema es que desde bien pequeños nos insensibilizamos frente a la hostilidad. Nos desconectamos también de la fuerza que nos hubiera posibilitado responder contra del abuso, porque la represión y el daño recibidos hubiesen sido aún mayores. Es por eso, que para recuperar la entereza hace falta realizar antes un viaje personal de ida y vuelta a los infiernos que nos acunaron. Un proceso que sirva para identificar, sentir y mostrar el daño recibido y liberar una voz ahogada durante demasiado tiempo.

Todos estamos implicados en el logro de una convivencia más digna y respetuosa. Podemos por supuesto implicarnos en cuestiones de carácter social y humanitario, pero la verdadera reconquista empieza en la relación con la gente cercana y especialmente con los más inocentes y vulnerables, los niños.

El terror y la violencia tienen su origen en el daño recibido durante la infancia. Cuando podamos sentir y comprender las repercusiones que estos daños ocasionan en cada uno de nosotros, nos situaremos frente a una verdadera y consistente opción para encontrar esa paz mundial que tanto anhelamos: dejaremos de maltratarnos y maltratar, evitaremos abusos, injusticias, torturas, racismos, genocidios y tantos otros dramas sociales... En este proceso cada cual, gobernantes, educadores, padres e hijos debemos decidir si tomamos la responsabilidad que nos corresponde. Esta es sin duda, la mejor cura que puede haber para no seguir proyectando demonios y poner las cosas en su sitio y en su justa medida.

Otro tipo de educación

La manera de educar de cada sociedad refleja fielmente sus creencias y valores imperantes. El sistema educativo actual se basa en unas premisas que denigran el potencial humano. La principal de ellas es que los niños han de ser forzados, disciplinados y manipulados por alguien con autoridad, para hacer que desarrollen interés por el conocimiento. De lo que se deriva que, si no se nos obliga a aprender y culturizarnos tendemos a la ignorancia y la desidia. Un modelo patriarcal donde el maestro es el protagonista; él sabe el qué, el cómo, el cuándo y el porqué, y ostenta asimismo la potestad para premiar y castigar.

La educación actual se ha convertido en un método de adiestramiento para adaptarse a las exigencias del mercado y a las leyes de la oferta y la demanda, con el fin de generar trabajadores rentables y especializados. La creatividad y la originalidad, la iniciativa, los intereses personales y la manera de ser y entender las cosas son aspectos secundarios dentro de este sistema.

La crisis del sistema educativo nos confronta sin compasión. El fracaso escolar es la fachada externa de este «hundimiento a cámara lenta». La confusión, la insatisfacción y la desmotivación de los jóvenes es cada vez más evidente. Aunque todo sea dicho, este descarrilamiento viene de lejos. Somos muchos los que podemos reconocer como propias, las mismas sensaciones de desmotivación y desamparo al recordar nuestro particular periplo académico.

La elección de la línea de educativa de los hijos, el método, la filosofía y los principios corresponde a los padres. ¿Qué clase de educación queremos para ellos?

A continuación voy a apuntar algunos aspectos, que a mi modo de ver son claves para avanzar hacia una forma de educación respetuosa y fiel a nuestra naturaleza y potenciales.

Satisfacción afectiva

Los niños demuestran un entusiasmo vitalista por aprender cosas nuevas; a los pocos meses de vida, la experimentación y la exploración ocupan una parte importantísima de su tiempo. La pasión por el conocimiento es una característica intrínseca. Acompañarlo en el espontáneo proceso de descubrimiento y aprendizaje requiere respeto, sensibilidad, dedicación y una entrega sincera y afectuosa. Estas cualidades amorosas conforman la base educativa previa e indispensable.

En general, lamentablemente, el valor de lo aprendido está determinado por los adultos y no por los niños, y el reconocimiento comparativo (notas) es el acicate con el que se les manipula. Profundamente no saben el porqué, ni el para qué de esa información, pues el movimiento no ha surgido de forma voluntaria sino condicionada. Los aprendizajes quedan por tanto desarraigados de su esencia. Este hecho permite entender, por ejemplo, la enorme desorientación con la que más tarde se encuentran al tener que escoger una vocación.

Adecuación a su ritmo: fases sensibles

La doctora y educadora Maria Montessori destacó a principios del siglo xx un concepto fundamental a tener en cuenta: las fases sensibles del desarrollo. Gracias al estudio de los procesos madurativos se ha podido comprobar cómo el programa genético, a medida que crecemos, va desplegando progresivamente determinadas capacidades físicas, emocionales y mentales. Existe un despliegue madurativo compartido con matices propios para cada persona. Si este ritmo es seguido y apoyado las capacidades van asentándose una sobre otra como si fueran vasos comunicantes. Conocer y ofrecer experiencias ajustadas a estas necesidades y fases es, por consiguiente, un elemento pedagógico primordial.

Durante los primeros años han de poder consolidarse cuestiones como: los registros básicos de relación, la confianza en los propios sentidos, la autopercepción, la movilidad y el conocimiento del cuerpo; la introspección, la diferenciación, la socialización... El juego, la interacción libre y la repetición son oportunidades únicas para integrar estos aspectos. Cuestiones que para los adultos pueden resultar triviales, fruto del egocentrismo o simples «pérdidas de tiempo», son muchas veces las que conforman los cimientos de la inteligencia.

Al superar ciertas fases emergen nuevas capacidades y surgen otros retos. El interés por identificar y crear relaciones abre las puertas hacia una inteligencia más abstracta. Nuevos lenguajes: matemáticas, música..., el deseo de conocer y entrar en las «cosas y las personas» desata el interés por las ciencias: la biología, la geología, la antropología, la psicología... La motivación, la concentración y la dedicación son muy intensas cuando surgen desde la espontaneidad y el sentimiento.

El papel de los adultos

Dentro de este planteamiento los adultos tienen un importante papel referencial: el de acompañar al niño sin determinar su camino. El maestro debe tener conocimientos y ser capaz de transmitirlos adecuadamente sin que prevalezcan sus deseos y maneras, adaptándose y entregándolos en la medida en que los niños muestran su disponibilidad.

Ambiente distendido y dotado de recursos

Hay ciertos factores que ayudan a crear un entorno destinado al aprendizaje: la delimitación de espacios y la fácil accesibilidad a los objetos y al material formativo. Disponer de materiales didácticos adecuados para ayudar a desarrollar sus intereses y capacidades a medida que estas van emergiendo. Separar los lugares de acción y movimiento de los que requieren tranquilidad y quietud. Evitar objetos, mobiliario y estructuras que para los niños, por su momento del desarrollo, puedan resultar peligrosos. Favorecer el movimiento espontáneo y libre. Tener claros los límites y hacerlos llegar desde la cercanía y una buena conexión comunicativa.

Ningún método es suficiente por sí mismo

Todos aquellos que nos sentimos implicados en este tipo de proyectos pedagógicos deberíamos ser capaces de reconocer que estamos bastante lejos de satisfacer las necesidades de los niños, porque afectiva y humanamente no podemos dar lo que no sentimos.

Por desgracia he podido comprobar que en este ámbito, como sucede en tantos otros, los principios y los ideales acostumbran a estar sobredimensionados, y las directrices pedagógicas pueden acabar tapando, sin que nos demos cuenta, lo más importante: la escucha y la honestidad con los pequeños. Querer «amar» y ofrecer «libertad» no es suficiente; son deseos que por sí mismos no capacitan. Cuando los ideales de fondo son buenos y deseables, es fácil pasar a posicionamientos radicales e intransigentes escudados en la supuesta búsqueda de «un bien mayor». Para que esta alternativa pueda funcionar de manera sólida y coherente es necesaria la confrontación con uno mismo. Auscultar los propios límites personales, acercarse a la dificultad, a la desconfianza, la rabia, el odio... Y con ayuda, dar pasos concretos para conocer la miseria afectiva de la que provenimos y para recomponer nuestros valores y patrones de relación. Todos estos son, desde mi punto de vista, requisitos indispensables para ayudar a los niños sin cargarlos con los propios conflictos.

Para los que deseéis profundizar más esta visión alternativa de la educación os recomiendo las publicaciones de Rebeca Wild, avalada por décadas de práctica pedagógica.

Unos buenos principios educativos, infraestructuras adecuadas, recursos, creatividad, solvencia, unos padres y unos maestros implicados, capacitados y humanizados, son algunos de los factores esenciales para brindar una educación donde el eje vertebrador sean las personas y no los temarios. Una asistencia educativa que ayude a desarrollar los potenciales y el valor personal; a compartirse voluntaria y gustosamente, abriéndose al mundo exterior sin tener que renunciar a la propia manera de ser. Una educación desde dentro hacia fuera.

Por fortuna en nuestro país hay cada vez más proyectos en esta dirección. Dado que el sobreesfuerzo económico y organizativo en estos casos suele ser muy elevado, el apoyo del Gobierno resulta imperioso.

Potenciar una educación sensible y respetuosa es la mejor apuesta de futuro que podemos hacer.

RELACIONES DE GÉNERO

Relación entre mujeres

La naturaleza emocional y expresiva propia de la mujer, el explícito interés por las cuestiones íntimas y relacionales, así como la mayor permisividad social respecto a la proximidad y el contacto físico entre ellas, confieren a los encuentros femeninos una apariencia comunicativa. Bajo la superficie, sin embargo, muchas veces corren aguas que contaminan la profundidad de sus vínculos.

En un café, un grupo de mujeres que hace años que se conocen conversan mientras esperan a una de ellas. «¿Os ha llamado para deciros a qué hora vendría? ... Desde que se ha enamorado no se le ve el pelo». «¡¿Sale con otro?! ¡Pero cómo le ha dado tiempo?!», dice otra. Una tercera la justifica: «Algo le habrá pasado». La primera apostilla: «sí, ¡pero no le costaría nada enviar un mensaje!» Y aún una cuarta: «Siempre llega tarde». Los comentarios van solapándose, hablan todas a la vez. Una de las mejores amigas de la aludida se siente mal ante las críticas, pero debido al tono de la conversación no se atreve a decir nada. De repente la ausentada aparece en el bar. Se crea un silencio tenso. Se levantan todas a saludarla. «¿Bueno qué?, ¿pedimos algo más?» dice una de ellas como si nada hubiera pasado. Siguen hablando de otros temas en un ambiente de aparente normalidad. La conversación se ha truncado, y con ella la posibilidad de aclarar la situación. Cada una se ha quedado con sus propias conjeturas.

Los juicios y las interpretaciones enturbian con frecuencia la escucha y la comunicación entre mujeres. La crítica, la difamación, la denigración, la comparación, la envidia, la traición... Comportamientos todos ellos, enraizados en de una u otra forma en la competencia y las luchas de poder.

¿Cómo se ha llegado a esta situación? La niña forja las bases de su identidad femenina y su futura relación con el resto de mujeres a través de su madre. Ésta, además de ser la figura principal con la que ha de vincularse, es también con la que va a construir su condición sexual mediante la identificación de género. La afinidad y la complicidad con ella deberían proporcionarle un canal idóneo desde donde ir integrando la seguridad, la confianza, el apoyo y la fuerza para dirigirse hacia la sociedad y hacia el otro género. Pero todas estas disposiciones de la madre hacia la hija a menudo se ven truncadas por un trágico condicionante: una madre inmadura no puede dar lo que no tiene. Desde la desnutrición afectiva no se puede ofrecer una verdadera disponibilidad. La empatía es sustituida entonces por una «con-fusión» con ella. La niña pasa a ser una especie de prolongación suya que debe satisfacer sus necesidades, o bien una rival con la que compite para no perder la atención y el reconocimiento de las personas del entorno, especialmente del padre. Se convierte así en «amiga forzada», confidente, sirviente..., o bien en objeto de humillación y ridiculización. La hija, por su parte, en una biológica e imperiosa necesidad por construir una identidad positiva de sí misma, intenta por todos los medios vivir a su madre como a una persona que la ama. La idealiza y se convierte en su protectora, adoptando el papel de madre con su madre. Mediante esta idealización intenta tapar la manipulación y el abuso sufrido; la vivencia, sin embargo, persiste dentro. El conflicto es relegado al inconsciente, traspasado y proyectado, en adelante, a su relación con todas las mujeres.

A un nivel más concreto, algunos comportamientos habituales por parte de la madre son, por ejemplo, la dificultad para valorar la imagen y belleza de la hija: «Se te ve bastante bien, lástima de esos dos kilitos que te sobran» o «deberías maquillarte un poco». También abunda el parasitismo vestido de falso reconocimiento: «Menos mal que me ayudas, si no fuera por ti no sé qué haría» o «tendrías que hacerme tú ese recado, que a ti se te dan mejor estas cosas». Esto contrasta a menudo con infravaloraciones como «mi hija es muy buena chica, pero la pobre es un desastre», «no sabe lo que le conviene», «con la edad que tiene y aún no ha sentado la cabeza». Acostumbra a alimentarse también una falsa complicidad sustentada en deseos de control: «Mi nena y yo somos muy amigas, nos lo contamos todo».

Seducciones manipulativas, «decir sin que se note», rodeos, victimismos que esconden demandas encubiertas... El estilo subliminal en la relación entre mujeres tiene sus orígenes en las estrategias desarrolladas para evitar el conflicto directo con la madre. La necesidad de sentirse aceptadas y acogidas queda poco a poco cubierta por un barroco telar de desconfianzas e interpretaciones. La relación entre madres e hijas es el eslabón roto. Se hace imprescindible una revisión de la relación materno-filial; tomar consciencia y responsabilizarse de los miedos y las dificultades, exorcizar los fantasmas del pasado y adquirir nuevos registros de identidad y relación.

Las cuestiones aquí nombradas representan sólo algunos aspectos «maltrechos» y «perversos» del basto y rico universo relacional femenino. La empatía y la comunicación son elementos cruciales para continuar haciendo florecer la fuerza, los valores y la claridad propia de las mujeres como individuos y como colectivo. Necesitamos recobrar el sentir esencial de las mujeres y entre las mujeres para que puedan aflorar colores y matices sumergidos. Cualquier paso en esta dirección las dignifica a ellas y por consiguiente, a todos.

Relación entre hombres

La dificultad en la comunicación y la vinculación entre hombres es una herida invisible apenas nombrada.

Al hacernos mayores parecemos perder la capacidad para relacionarnos más allá de los pretextos prácticos. Interactuamos sin ninguna intención aparente de atravesar las «distancias de seguridad» preestablecidas. Es como si diésemos por hecho que sólo vamos a poder conocernos hasta un cierto umbral. La necesidad de compañía y consuelo es sustituida por rigidez y falsa indiferencia. Aunque podemos compartir y hablar sobre temas diversos (mujeres, deportes, mecánica, negocios, política, tecnología, arte, espiritualidad, mujeres), estamos limitados por las opiniones generales, las ideas y las luchas de poder. Al reencontrarnos, por consiguiente, partimos una y otra vez desde la misma distancia afectiva.

Toni y Marcos se conocen desde la época del instituto, período en el cual pasaban mucho tiempo juntos. Con los años se han distanciado. Cada uno ha ido haciendo su vida: carrera, pareja, hijos... Aunque se aprecian y están a gusto juntos, ambos tienen dificultades para sentir el impulso y proponer un encuentro. Cuando quedan les embarga una especie de excitación nerviosa. Bromean y hablan de proyectos creativos y de lo que han hecho en los últimos tiempos, pero evitan las conversaciones sobre sus dificultades cotidianas, especialmente las de carácter sentimental. Toni tiende a compararse con su amigo y le esconde su complejo de inferioridad. Marcos no se siente importante y guarda preguntas como: «¿Por qué no me contestaste las llamadas? ¿Por qué no me invitaste a tu fiesta? ¿Te molestó mi comentario?». Pero una vez más, nadie saca a relucir este tipo de cuestiones. Toni y Marcos se despiden, han estado a gusto, los dos notan, sin embargo, un cierto desasosiego, como si les quedara algo pendiente.

Por lo general, tras la aparente renuncia voluntaria a hablar de ciertas cuestiones personales, se esconde un miedo atroz a mostrarse vulnerable y necesitado. Con este condicionante inconsciente por medio es imposible construir relaciones profundas y estables. La confianza mutua sólo es posible cuando conocemos lo que nos pasa.

Tenemos muy pocos registros integrados sobre lo que habría de constituir una buena comunicación. Estamos desorientados respecto a la condición masculina; nos cuesta sentir qué nos ocurre y qué necesitamos.

La dificultad en la relación entre hombres está marcada en gran medida por la clase de vinculación establecida con el padre. Observar la relación integrada con él ayuda a situarse y comprender el porqué de muchos de nuestros conflictos. ¿Qué lugar y función ocupa en la familia? ¿Qué sabemos de su vida afectiva, de sus carencias, de sus miedos y anhelos? ¿Qué clase de afecto hemos recibido por su parte? ¿Cómo y desde dónde se interesa por nosotros? ¿Qué lugar cumple el contacto y la proximidad física en la relación? ¿Nos sentimos escuchados, comprendidos y apoyados en nuestros proyectos? ¿Cuál es la tónica que predomina en la comunicación?

En general, abunda la ausencia de entrega cercana e incondicional. Desde este legado de frustración y vacío afectivo los hombres hemos de identificarnos con nuestro género.

Un padre afectivamente precario e inseguro percibe a su hijo como un competidor. Aplacando su vitalidad (movimiento, expresiones, logros…) se reserva para sí el reconocimiento y la atención del entorno. La preocupación y el intervencionismo forman parte de una desconfianza subyacente que también desacreditan e incapacitan al hijo. Por ejemplo: «¿Seguro que te acordarás, o volverás a hacer lo de la otra vez?» «¡Eres un chapucero! Mira que te lo he repetido cientos de veces. ¡Anda, deja, ya lo hago yo!». La humillación mediante comentarios, juicios e ironías, amenazas, incluso la agresión física, acostumbran a ser actos socialmente consentidos de sometimiento y dominación.

Este proceso de desprecio y despersonalización también es ejecutado con frecuencia mediante una actitud de indiferencia fría y cortante; hablando de forma seca y distante, sin mirar a los ojos, aludiendo sólo a cuestiones prácticas... Una agresión pasiva que hiere sin hacer ruido, tensando la relación, relegando al hijo a una soledad y un sufrimiento que no comprende y por los que acostumbra a culparse a sí mismo.

Los momentos de contacto físico desde la fuerza, la ternura, el placer o el consuelo, imprescindibles para conocernos y comunicarnos con profundidad, son teñidos con confusiones y desprecios que más tarde vivimos con temor y confusión al intentar entrar en contacto entre nosotros. Una manera habitual de compensar esta imperiosa necesidad física es la de derivarla hacia golpes, palmadas y todo tipo de bromas y «amagos libidinosos», mientras alguien suelta ese desgastado comentario de: «¡Pero sin mariconadas, eh!».

La fragilidad y las necesidades son vivencias especialmente hostigadas y reprimidas; aspectos que hay que aprender a esconder y negar para evitar males mayores. Frente a esta situación no queda más remedio que redirigir las necesidades afectivas hacia un lugar alternativo: la mujer.

Durante la infancia, la frecuente ausencia del padre nos deja expuestos a la presencia materna (para bien y para mal), sin disponer de un contrapunto desde el que poder separarse o disentir de ella. Éste es, precisamente, uno de los aspectos que influyen en la posterior sensación de los hombres de estar atrapados en la relación con las mujeres. Queremos separarnos, ser independientes, pero a la vez nos dirigimos de manera obsesiva hacia ellas como si fuesen la única fuente de amor. Una contradicción omnipresente que nos mantiene presos entre el deseo y el odio, sin plantearnos siquiera la posibilidad de encontrar entre nosotros, los hombres, cariño y comprensión.

Teniendo en cuenta todo esto, se hace más fácil entender por qué estamos tan lejos de nuestros verdaderos sentimientos y desorientados en los temas relacionales; por qué deambulamos identificados con actitudes distantes y frías o bien inmersos en un histrionismo y una emocionalidad exacerbada en situaciones triviales.

La relación entre hombres es una experiencia única e insustituible. Si queremos recuperarla debemos ante todo, desatarnos de las cadenas represivas a las que fuimos amarrados. En juego está la posibilidad de construir una relación donde impere la suma de las fuerzas y se pongan al servicio de la comunidad aquellos valores que nos son dados por naturaleza: claridad, honestidad, firmeza, protección, dirección, ingenio... una escucha y una acción equilibrada a partes iguales. Dirigir la fuerza por encima de todo, al respeto y el entendimiento mutuo. Edificar un auténtico y sólido espíritu tribal.

Relación entre hombres y mujeres

Entre hombres y mujeres existe una distancia invisible pero palpable donde la ausencia de contacto y comunicación profunda es suplida con anhelos, miedos y fantasías. Existen desconfianzas fuertemente arraigadas. Adolecemos de la disposición necesaria para escucharnos y comprendernos mutuamente. En cierto modo nos percibimos como extraños irreconciliables, obligados a relacionarnos por imperativos que escapan a nuestra voluntad.

¿Cómo hemos llegado a esta situación? La manera de relacionarse con las personas del otro sexo está fuertemente determinada por el proceso de construcción de la identidad sexual y social. Durante este período de estructuración, los niños se muestran de forma abierta y contundente. Quieren conocer a los padres desde un impulso arrebatador. Tocarlos, olerlos, hollar sus pensamientos, sus sentimientos, sus cuerpos. Quieren hacerlos suyos. A medida que van creciendo necesitan ayuda para discernir y orientarse sexualmente, y saber qué lugar ocupan en la vida de sus seres queridos. Pero esta experiencia vital está, con frecuencia, plagada de interferencias. De forma inconsciente, los adultos intentan llenar sus propias carencias a través de la relación con sus hijos. Los papeles se invierten. Este cambio de posicionamiento lo trastoca todo. Sintetizando y centrando el tema en el conflicto entre géneros, las transfiguraciones más habituales son: El padre intenta que su hija lo ame, lo admire y lo desee como hombre o bien, para alejarse de su propia confusión, la desprecia y la humilla. La madre busca que su hijo la ame cubriendo sus exigencias y expectativas; se presenta de forma más o menos sutil, como «la mujer perfecta», «la más deseable» o la única capaz de satisfacerlo. Las variantes y los estilos al respecto son muy diversos pero, en cualquiera de los casos, la seducción y la manipulación van ocupando cada vez más espacio en la familia. Los triángulos amorosos, los celos, las rencillas y las luchas de poder que esto origina son innumerables. En un extremo de esta perversión está el incesto, en el otro, la represión de todo lo que tiene que ver con el deseo de contacto (en cualquiera de sus manifestaciones). El expeditivo rechazo y la falsa indiferencia del adulto hacia su hijo/a es un recurso inconsciente para no sentir ni responsabilizarse de la propia confusión.

Esta forzada distancia impuesta enturbia el proceso evolutivo de los pequeños, dejando a su paso una contradictoria amalgama de emociones. Una mezcla de deseo, excitación, frustración, peligro y culpa. El conocimiento y la posibilidad de mostrar el impulso hacia el otro género de forma directa quedan truncados. Las justificaciones personales, familiares y sociales a su vez, definen la situación como algo «normal», alejando cualquier sospecha sobre el origen del mal y los responsables directos de la situación. El drama sigue reeditándose en cada nueva relación entre hombre y mujer, tamizado por los patrones y la complejidad de cada historia personal.

En general los hombres nos relacionamos con las mujeres desde una masculinidad de postín; escondidos tras una distancia emocional destinada a evitar sentir el rechazo y la humillación. Las despersonalizamos y fragmentamos percibiéndolas por partes y en función de nuestros deseos. Nos acercamos desde un lugar asexuado y pasivo, o bien desde una excitación ansiosa y voraz que en muchas ocasiones desemboca en comportamientos agresivos, de abuso y dominación. Buscamos con obcecada turbación una satisfacción placentera que nos haga sentir vivos y deseados sin tener que implicarnos. La mayoría sobrevivimos famélicos, condensando las necesidades afectivas en una sexualidad genitalizada, vacua y distante.

Los desperfectos que la madre ocasionó hacen acto de presencia en el trato con «todas las mujeres». Afirmaciones habituales como: «Todas las mujeres son unas putas excepto mi madre, que es una santa», dejan entrever la ocultación, el desprecio y la rabia de fondo. En este escenario, la palabra compromiso equivale a sometimiento.

Las mujeres suelen oscilar entre el arquetipo de la «vampira» independiente y sin compromisos y el de la «princesa» a la espera del perfecto príncipe azul. Aunque diferentes en apariencia, ambas identificaciones amagan rechazo y rencor hacia el hombre. No es el hombre en sí quien interesa, sino la fantasía que de él se crea. La huella dejada por el padre es lacerante: seducciones, exigencias, rechazos, manipulaciones, abusos, humillaciones... La experiencia de amor incondicional fue sustituida por un vacío con sabor a amargura y desencuentro; una tragedia subrayada a través de los subsiguientes fracasos sentimentales.

Un gesto aparentemente intrascendente puede ser suficiente para desatar el daño, la soledad y el abandono hospedado. En una agotadora tentativa por librarse de estas vivencias cinceladas por el padre, intentan transformar la forma de ser de los hombres. Actitudes demandantes y exigentes en las que repiten sin éxito, fallidos intentos de solución. Dentro de ese cruce de historias la mujer puede llegar a «facilitar su cuerpo», pero nunca una entrega profunda de su persona. Al final, inevitablemente, el mismo trayecto que va de la idealización al desprecio, con la autoafirmación como único sustento. Una de las frases que mejor reflejan este drama de fondo es esa de «todos los hombres son iguales».

Sentirnos mutuamente pide airear y sanar los daños que dejamos aparcados. Agresiones en la mayoría de los casos invisibles que nos mantienen atrapados prefiriendo un aislamiento forzado pero conocido. Muchos hombres y mujeres parecen comportarse como si renunciaran a tener una vida de pareja estable, pero en el fondo lo que hay es miedo y dificultad.

Al llegar a la edad adulta, la cercanía y el contacto quedan limitados y reducidos casi de forma exclusiva al ámbito de la pareja y/o la sexualidad. Pero no todo pasa por la pareja ni el encuentro sexual. El hecho de sentir atracción o magnetismo hacia alguien no comporta tener que tomar la decisión de establecer una relación sexual. Existen formas de contacto directas, físicas y satisfactorias que permiten sentir y profundizar en el contacto aprovechando precisamente esa atracción; modos de relación que nos cercenaron y que merecemos recuperar. «Hay vida más allá del sexo.»

Respecto a la vida en pareja hemos resbalado hacia un callejón donde la libertad ha sido confundida con la ausencia de compromisos. Las relaciones entre hombre y mujer se venden como cualquier otro producto de consumo, una especie de «fast food sentimental». Televisión, cine, anuncios, revistas, internet..., los medios de comunicación hacen un uso constante de esta «enlatada fantasía de la felicidad». De una forma u otra nos dejamos seducir por estas promesas para intentar eludir las dificultades y daños dentro encerrados. Pero en el fondo, todos, tanto hombres como mujeres, necesitamos lo mismo: una estabilidad afectiva desde la que sentirnos tranquilos y satisfechos. Desde la que sentirnos amados.

Para situarnos frente a este complejo tema, ante todo hemos de ser honestos: ¿queremos realmente encontrarnos con el otro género? ¿Qué nos ocurre al planteárnoslo?

Carecemos de buenos referentes, y la sensación de vértigo es frecuente. Si bien es cierto que se trata de un tema delicado y espinoso, también lo es que no tenemos por qué encararlo solos. Además del necesario proceso terapéutico, apoyarse en las personas del propio género resulta de gran utilidad. Compartir los miedos y las dificultades, y encontrar complicidad y consuelo, ayuda a sentir la fuerza y la claridad necesarias para adentrarse en el «terreno de lo desconocido».

Profundizar en la relación con el otro sexo supone, por lo que implica, estar dispuesto a entrar en las raíces de nuestro comportamiento; de ir al encuentro de lo que es sentirse «hombre» o «mujer»; y decidir, llegado el momento, qué queremos hacer con las virtudes que brillan en nuestro interior.

Más allá del enamoramiento

No hace falta conocer a aquel del que uno se enamora. Todo puede empezar con una foto, la voz de un cantante, una fugaz actuación en la tele, una charla en un chat, la frase de un escritor. Basta con poner en marcha el engranaje de la fantasía para volcar en ese «ente» toda clase de deseos y necesidades. A través suyo intentamos dar sentido a nuestra existencia; sentir que ocupamos por fin, un lugar importante en el corazón de otra persona.

Cuando nos enamoramos nos sentimos especiales, aceptados y deseados. Aflora una vitalidad y unas capacidades que creíamos desaparecidas. Todo parece fluir. Pero entonces... ¿por qué algo que empieza tan bien acostumbra a acabar tan mal? ¿Cómo es posible que vuelvan a repetirse una y otra vez el mismo tipo de situaciones y fracasos? ¿Por qué pasamos con tanta facilidad del amor al odio y de la ilusión a la decepción?

Sandra y Roberto hace seis meses que se conocen. Fue un flechazo en toda regla. Desde entonces no han pasado ni un solo día sin verse o hablar por teléfono. Han vivido momentos de pasión desenfrenada. Piensan mucho el uno en el otro y tienen la sensación de estar como en una nube. Roberto ha sacado aspectos de sí mismo que desconocía, mayor agudeza mental y una parte más atenta y cariñosa. Sandra ha recuperado una faceta coqueta y seductora y una esperanza renovada hacia el amor en pareja, maltrecha por experiencias anteriores. Se sienten inmersos en una historia que parece que vaya a durar para siempre. Pero desde hace un tiempo las cosas están cambiando. Les cuesta entenderse y ponerse de acuerdo ante cuestiones prácticas y cotidianas como, dónde vivir, cómo gestionar los gastos comunes o dónde pasar el próximo fin de semana. Los dos creen que el otro intenta imponerse, y detalles aparentemente insignificantes los llevan discutir con una violencia inusitada. En ocasiones la tensión llega a tal punto que tienen ganas de salir huyendo. Ambos empiezan a cuestionarse el deseo de seguir adelante con la relación.

Cuando la fuerza del enamoramiento y la pasión pierden fuelle se pone de manifiesto que las expectativas y los deseos son insuficientes para mantener la pareja. Poco a poco van haciendo acto de presencia malentendidos y diferencias con los que no contábamos; la ilusión en la que creíamos conocernos se diluye como tinta en papel mojado. Detrás de ese manto bucólico que nos reconfortaba, van despuntando desconfianzas. Se despierta rabia, desesperación, impotencia..., la incomunicación en la pareja se hace asfixiante y parece imposible llegar a un lugar de entendimiento. Queremos querernos, pero no nos conocemos. Nos tememos. El trasfondo que ha hilvanado nuestras vidas vuelve a aflorar con ese sabor metálico y melancólico característico. Las carencias y el sufrimiento persisten, llegan las crisis y con frecuencia, las rupturas.

Los factores que pueden conducir al conflicto y el desencuentro en la convivencia son innumerables. Caemos en actitudes demandantes fundamentadas en la necesidad insatisfecha e inconsciente de recibir un amor incondicional. Desde la exigencia, creemos que, sin tener que comunicárselo, nuestra pareja debería adivinar lo que queremos. Los compromisos son vividos como recortes de la libertad; la resistencia a encarar abiertamente este tema provoca por ende, que no puedan establecerse compromisos claros y consensuados. La falta de respeto en las diferencias y las dificultades para poner los límites personales agravan la situación. El miedo y el rencor de fondo acaban afectando todas las áreas de la convivencia; la sexualidad, por supuesto, también es una de ellas. Cuando la desconfianza es elevada empieza a sobrevolar el «fantasma del abandono»; aparecen potentes mecanismos para proteger la propia integridad. La negación del otro y el maltrato psíquico e incluso físico, son propios de estos estados emocionales. Las expectativas inconscientes toman las riendas de la situación. Imaginamos quién es la otra persona, pero no la sentimos; esperamos que haga, que diga, que sienta, pero no la podemos ver tal como es.

El miedo a sentir la soledad nos vuelve dependientes. Queremos querer al otro, pero... ¿lo amamos?

Muchas veces el interés por la relación en sí misma se encuentra superado por las propias carencias. Cuando la ilusión en la pareja se difumina es una buena oportunidad para replantearse qué es lo que queremos que sostenga la relación. ¿Qué siento cuando intento percibir a mi pareja como persona? ¿Qué sentimientos me despierta su presencia? Si nos mantenemos ahí, sinceros, abiertos a lo que nos llega..., ¿qué nos pasa? ¿Qué necesitamos? ¿Qué queremos?

Transitar la incomodidad y la inseguridad es una ocasión para situarnos desde un lugar más genuino en la relación; más precario tal vez, pero más honesto.

En el ser humano la influencia de las relaciones vinculares es enorme. Las carencias y los patrones relacionales pueden perdurar de forma latente toda la vida. Intentar establecer una nueva vinculación provoca la abrupta salida a la luz de las viejas heridas. Para solucionar los problemas de pareja, las «recetas psicológicas», los recursos comunicativos y estratégicos, así como las intenciones y las buenas voluntades, si bien necesarios, resultan insuficientes.

Reconocer las limitaciones y dificultades para «amar» es el primer paso. El proceso no es fácil. Las historias personales acostumbran a estar plagadas de abusos y manipulaciones. Desconfiamos por defecto. No podemos creer que alguien nos ame simplemente por ser quienes somos. Por ello, para adentrarnos en una nueva vivencia de las relaciones afectivas es conveniente que nos apoyemos en personas y profesionales que nos quieran conocer de verdad, y sean capaces de ayudarnos en este delicado proceso donde reinan la desconfianza y la contradicción. Las palabras compromiso, fidelidad y autenticidad empiezan a cobrar sentido sólo cuando podemos relacionarnos sin perder consciencia de la propia individualidad.

Enamorarse es fácil, simplemente sucede. Amar no lo es, nos implica y nos cuestiona; pero es el camino y la oportunidad para abrirse profundamente a la vida.

Una historia romántica

Fue una de las primeras chicas que me atrajo seriamente. En realidad nunca supe ni he sabido gran cosa de ella, pero era mi amante furtiva, mi amor privado, mi romance secreto. Fue un flechazo inmediato y debió de durar desde cuarto hasta octavo de primaria más o menos. Vino de otro colegio. El día que llegó creó un gran alborozo entre los chicos; intuyo que debió de gustar a más de dos y de tres. Era delgada, más bien alta (al menos para la altura que yo tenía en ese momento), el pelo largo, morena y con algunos rasgos marcados; recuerdo especialmente su nariz, era bonita. Ojos marrones y yo diría que bastante tímida. No sé si tenía amigas «del alma» de esas que van juntas a todas partes, parecía más bien solitaria. No sé nada de sus gustos. No sé cómo olía, ni recuerdo haberla tocado jamás, ni tampoco haber intercambiado conversación alguna con más de tres frases seguidas.

En octavo, un amigo me dijo que «al parecer..., yo le gustaba». Casi me muero. Intenté mantener la compostura, pero fue como si me rompiera por dentro. Un amasijo de emociones me invadió. Me sentía mal, no sabía qué me pasaba, quería huir pero no sabía ni de quién ni a hacia dónde. Mi amor romántico se desvanecía por momentos. Si quería ella podía dejar de ser un deseo y pasar a ser una relación de verdad. No quise. De hecho, a partir de entonces aumenté aún más la distancia con ella. Fue una maniobra tajante, sin concesiones. El cambio de escuela y una nueva «adquisición romántica y traumática» con la que me pasé toda la escuela secundaria, la acabaron por desterrar de mi mente.

Toda historia romántica tiene ciertos ingredientes fundamentales: debe ser una experiencia mental, creada y recreada en la imaginación. La otra persona es simplemente la chispa que enciende el fuego interno de los deseos y las pasiones, de los anhelos y los miedos. El noviazgo secreto ha de despertar un constante y persistente nivel de sufrimiento por la insalvable separación. Para que no se desvanezca el hechizo, la persona que ama siempre ha de amar más que el amado. El abismo es necesario; el contacto directo, la sexualidad o el compromiso harían desvanecer el «embrujo» que los une. El objeto de deseo ha de permanecer desdibujado, desenfocado, pues es la única forma de moldearlo al propio antojo.

La situación «quien quiero que me quiera no me quiere y yo no quiero a quien me quiere» refleja bien el miedo a encontrarse con el otro coincidiendo en el deseo. Acordarse «del otro u otra» mientras se está con un tercero es una de las grandes excusas para mantenerse «entre-tenido», es decir, estar «tenido» entre dos o más personas. Evitar la decisión y la entrega es una especie de círculo evasivo que esconde el miedo al contacto.

Estos deseos y fantasías parecen propios de la adolescencia, pero vale la pena no engañarse. Aunque no seamos conscientes, cuando crecemos resituamos esa clase de romanticismo en formas menos visibles y estridentes. Confinamos gran parte de nuestro tiempo, energía y recursos mentales y emocionales en personas inaccesibles, de las que anhelamos recibir bienestar, placer y felicidad. La industria cinematográfica y la publicitaria, por ejemplo, sacan buen provecho de ello.

Existe una peculiar variedad de romanticismo refinado, sustentado en la sublimación y el narcisismo. La religión y todas las variantes pseudoespirituales modernas, cuando son utilizadas como una huida de uno mismo, cumplen todos los requisitos antes mencionados, desplazados en este caso hacia uno o varios seres inmateriales (Dios, los santos, las vírgenes, los ángeles, extraterrestres, seres y «maestros» de otros planetas o dimensiones...). La máxima realización del amor desde aquí se ubica en un plano «espiritual», diferente e incluso incompatible con el carnal. La consumación del encuentro con estos «amantes celestiales» sólo es posible en otra dimensión o tras la muerte. Este hecho justifica el inevitable sufrimiento del «amante». El afecto más elevado se sitúa en una relación con alguien o algo con quien no se puede interactuar directamente y que encarna el ideal de perfección. Esta supuesta relación se mantiene gracias a un constante diálogo interno, a un subjetivo filtro interpretativo desde donde pueden proyectarse toda suerte de necesidades, miedos y anhelos inconscientes. Ofrece además la posibilidad de sentirse especial y en comunión con el ser o los seres más importantes del universo y vivir emociones propias de las relaciones humanas sin necesidad de relacionarse íntima y profundamente con nadie.

El drama romántico nos hace creer estar amando, mientras nos atrincheramos más y más en los mecanismos defensivos, en la negación hacia las personas. Desde ese lugar el otro sólo un pretexto que utilizamos para repetir nuestro trauma: la imposibilidad de amar y ser amado. Un artífice bien adornado para no encontrarse de cara con una cruda verdad: la dificultad para comprometerse y amar. Un obstáculo, esta vez sí, asociado a situaciones y personas concretas. A carencias afectivas apartadas de la consciencia y clavadas en nuestro cuerpo. Dagas que no queremos tocar por miedo a que al desclavarlas nos desangren el alma y nos retornen a nuestro particular infierno del desamor. A ese lugar vivido durante la infancia donde nos sentimos agredidos y faltos de cariño.

Para salir de esta esclavitud hay que revisar la historia personal. Liberar y dar sentido a ese malestar que se despierta cuando intentamos establecer un contacto directo con las personas que nos atraen. Entrar en el corazón y resarcir las lesiones gracias a la comprensión y la presencia de personas disponibles y capacitadas que quieran acompañarnos en ese proceso. Personas que nos ayuden a sentirnos y a decidir qué queremos hacer con el amor que late dentro nuestro.

Los que se pelean se desean

A menudo, cuando encontramos a alguien que nos atrae y está disponible o intuimos la posibilidad de que así sea, se desatan ciertas reacciones defensivas. Suenan las alarmas internas, y una vehemente oposición, en ocasiones violenta y hasta destructiva, pone de manifiesto que nos estamos acercando a una zona malherida de nosotros mismos.

La historia que antes explicaba sobre mis vicisitudes románticas tiene otra vuelta de tuerca. Durante los primeros tiempos de la llegada de «mi amor platónico», algunos compañeros la martirizaron con el apodo de «la apestosa». Yo no recuerdo haberme ensañado directamente con ella, pero para no caer en sus hipnóticas redes, sumido en una especie de atracción fatal, se lo gritaba interiormente, en un intento de exorcizarla de mis pensamientos. Lo que realmente hedía allí no era ella sino nuestro miedo e inconsciencia. Creo que lo de «apestosa» tenía que ver con «huir de ella como la peste». Ella encarnaba la tentación, la intensidad de lo femenino (desde aquí, si es que algún día llega a leerme: lo siento).

Como pasa frecuentemente, estas agresiones hacia la persona que deseamos son especialmente visibles durante la infancia y adolescencia. El ejemplo más típico es el de la pelea entre chico y chica mientras los compañeros corean eso de «¡los que se pelean se desean!». Como adultos parecemos estar al margen de esas cosas de críos, pero en realidad nos pasamos gran parte del tiempo batallando con aquellos que queremos. Buscamos su afecto intentando «afectarlos»; atacándolos desde una impenetrable distancia emocional. Lo más triste del caso es que en muchas ocasiones hacemos estas cosas cuando en realidad queremos acercarnos y sentir al otro desde el cariño, la dulzura, la comprensión o la sexualidad.

Maite y Jorge son pareja desde hace cinco años. Pasaron una etapa de enamoramiento relativamente larga, y hace ya dos años que conviven. Los comentarios cariñosos escasean y en la comunicación cada vez abundan más las recriminaciones, los desprecios y el sarcasmo. En ocasiones en los que hay tranquilidad, Jorge se acerca cariñoso a Maite, ella entonces acostumbra a recriminarle cosas sobre su manera de ser. Se centra en lo que habitualmente él no dice o no hace. Tras esto llega una discusión y un distanciamiento. En otras ocasiones, cuando ella se arregla, aunque él la encuentra guapa y deseable, tiende a hacerle comentarios despectivos sobre su cuerpo. La compara con otras mujeres, ironiza y después se justifica con frases como: «Es broma, cariño, no lo digo en serio.» Ella se siente mal, se retira resentida y tarda un tiempo en volver a acercarse.

Cualquiera de estas dos situaciones podría haber desembocado en un agradable rato de intimidad y comunicación e incluso pasión, desde donde conocerse y reforzar el vínculo mutuo. Sin embargo, esta oportunidad de contacto y placer queda sepultada una vez tras otra bajo un sabor de desencuentro.

¿Por qué reconvertimos el impulso, la atracción y el deseo hacia los demás en actos y comentarios dañinos?

Cuando estas situaciones se repiten estamos presos de lo que se denomina una «vinculación negativa». Es decir, que la vinculación a la vida, a través de la relación con nuestros padres y figuras cercanas, ha estado marcada por experiencias insanas; la atención, los gestos cariñosos, el reconocimiento, el apoyo, etcétera, han quedado menoscabados por condicionamientos, recriminaciones y manipulaciones. Por ejemplo, el padre o la madre que dice: «no le digo que le quiero para que su hermano no se sienta mal» o «no hace falta que le diga que le quiero, él ya lo sabe», «no le felicito cuando saca buenas notas para que no se lo crea demasiado, que si no después no se esforzará», «no le doy besos porque ya es mayor para estas cosas», «no le mimo porque se volverá un consentido»... También las expresiones de afecto acostumbran a ser mal recibidas e incluso menospreciadas por parte de los adultos. Por ejemplo, el niño que le dice al padre que le quiere o tiene el gesto de darle un beso o un abrazo: «Seguro que lo dices para que te dé algo a cambio», «¿qué quieres?; nunca lo haces y ahora sí. ¡Qué te pasa!, ¿estás enfermo?»; o directamente: «¡Qué pesado eres!». Recuerdo haber presenciado la escena de una niña de apenas un año llorando desconsoladamente, llamando a su madre para que lo cogiera en brazos, ¡con la madre presente y desocupada! ¿Por qué no atendía a su hijo? Su explicación: «La niña sólo quiere manipularme para lograr mi atención». ¡Evidentemente que quería su atención!, no sólo la quería sino que la necesitaba. Cuando al pedir cosas buenas nos hacen sentir malos, al final no podemos mostrar nuestra necesidad hacia los demás de forma abierta y gustosa. La necesidad y la entrega de afecto van quedando así, poco a poco pervertidas; acorazadas tras roles y actitudes indiferentes y desafectadas.

La reconversión de la atracción en rechazo es un mecanismo evasivo muy potente. Hacernos daño cuando en realidad queremos amarnos es el peor de los dramas. Pero darse cuenta de ello es también una oportunidad para empezar a responsabilizarnos de nuestro mal y hacer algo al respecto. Desgraciadamente la voluntad de cambio no es suficiente. ¿Cuántas parejas se han prometido no volver a maltratarse mutuamente y acaban como el perro y el gato incluso después de separarse? ¿Cuántos padres juraron no repetir los abusos sufridos de sus padres y siguen haciéndolo con sus hijos?

Es muy difícil dar lo que no hemos recibido. Lo complica la falta de referentes positivos en la expresión y la acogida del afecto. ¿Qué hubiese pasado si en el ejemplo antes expuesto sobre el niño que va hacia su padre con un gesto cariñoso, éste lo recibe alegre y con gusto? «¡Qué bien, hijo, yo también tengo ganas de abrazarte! ¡Te quiero!» Le da unos buenos achuchones y después retozan juntos mientras el pequeño explica animado historias que le han sucedido durante el día. Sin duda el curso de la experiencia de esta persona será muy diferente. Se dirigirá hacia aquellas personas que puedan sentir, como mínimo, el mismo interés y respeto hacia él; y llevará consigo una paleta de colores emocionales que le permitirán saborear con mayor naturalidad y placer momentos cotidianos, pudiendo convertir un «hola, cariño, ¿cómo estás? Tenía ganas de verte», en el inicio de un bonito rato de complicidad e intimidad con su pareja.

Necesitamos cultivar nuevas formas de relación. Este recorrido no es sencillo. Se trata de un proceso largo y delicado, pero en juego está la posibilidad de amar y ser amado, de dar espacio a la pureza que pulsa en nuestro interior.

El síndrome de Houdini

Harry Houdini (1874-1926) fue un famoso mago de principios del siglo xx, conocido por sus números de escapismo, capaz de zafarse de las situaciones más inverosímiles; candados, esposas, cuerdas y camisas de fuerza, incluso debajo del agua o suspendido boca abajo en lo alto de rascacielos.

No soy amante de las clasificaciones y menos aún de las psicopatológicas, pero he querido emplear su nombre para acuñar un término que creo puede ayudar a introducir uno de los grandes males de nuestro tiempo: la dificultad para adquirir compromisos de relación.

«Síndrome de Houdini» o «escapismo sentimental»: Aplicado a aquel o aquella que evita las implicaciones sentimentales. La persona fluctúa entre la obsesión y el rechazo hacia su objeto de deseo, repitiendo una y otra vez un cíclico patrón de atracción, excitación, miedo y fuga. Mediante la huida logra esquivar el malestar interno asociado a la «angustia de pérdida». La manera y las excusas empleadas pueden ser variadas; en cualquiera de los casos, el afectado raramente se responsabiliza de su miedo al compromiso.

Aquí van un par de ejemplos.

Jaime tiene treinta y dos años, no ha tenido ninguna relación estable con una mujer. Últimamente siente ganas renovadas de encontrar pareja; su sistema empero, es el mismo de siempre: cuando se siente atraído hacia una chica se le despierta una fuerte timidez y le cuesta mostrar su interés abiertamente. Si consigue una cita, cuando faltan algunos días para el encuentro y se da cuenta de que la cosa va en serio, empieza a ponerse muy nervioso. El día indicado se presenta tarde. Se crea un ambiente tenso. Van a tomar algo y él se pasa el rato hablándole de sus ex novias y otros debacles sentimentales. Él se despide con un «ya quedaremos» y ella con un «si un caso ya te llamaría». Jaime se va a casa sintiéndose confuso. Para consolarse acostumbra a decirse para sus adentros: «No es mi tipo. No me gusta tanto como creía. Además, no he estado a gusto». No se vuelven a ver.

Mónica tiene pareja desde hace seis años. En la última etapa debían tomar varias decisiones importantes para su futuro. La situación ha desembocado en una serie de conflictos. Se quejan mutuamente de la manera de ser del otro. Las dificultades en la comunicación y la sexualidad se han intensificado, aunque en realidad siempre estuvieron presentes. Mónica cada vez piensa más en otros hombres y mantiene una actitud seductora con sus amigos y en el trabajo. De hecho, nunca se ha sentido profundamente comprometida. Él le propone pedir ayuda para solucionar sus problemas. Ella se niega y prosigue con las quejas. Finalmente se va con otro hombre, con el cual repite la misma historia al cabo de un tiempo.

He puesto este último ejemplo para que no nos dejemos llevar por el equívoco de creer que por estar en pareja somos libres de la posibilidad de padecer dicho síndrome. Todos los que hemos vivido un compromiso condicionado y frágil con nuestros padres sufrimos, por defecto, de houdinismo.

Para entender esto, nos ayudará retroceder unos años y auscultar algunos aspectos de la infancia de Jaime y Mónica.

A Jaime sus padres lo metieron pronto en la guardería. Los dos trabajaban y el único rato que estaban con él era por las tardes. Decidieron que debía acostumbrarse a dormir solo, así que lo dejaban llorando en una habitación aislada durante horas, hasta que aprendió que por mucho que se desgastase no le atenderían. Pronto fue entendiendo que sus necesidades de seguridad, cariño y cercanía no eran tenidas en cuenta. Que las personas de su entorno estaban «cuando podían... y querían» y que lo suyo no contaba demasiado.

Jaime vive con una sensación de malestar y culpa. Se siente inmerecedor e inadecuado. Cada vez que está con gente de su agrado entra en un estado de inquietud interna; su cabeza se pierde en miedos y desconfianzas: «Seguro que ya está cansada de mí», «parece que molesto», «me estoy comportando como un estúpido». Tiene la incómoda sensación de que las personas con las que está van a irse de manera inesperada dejándolo solo. Una lacerante experiencia de la que intenta escapar de diferentes modos, uno de

112

ellos es el de sabotearse a sí mismo, presentándose a través de sus dificultades y aspectos más miserables.

Mónica es la mayor de tres hermanos. Desde pequeñita, para que se «portase bien» sus padres la manipulaban retirándole la palabra y su presencia física. Ella se adaptó progresivamente a la situación y se convirtió en una niña «buena». Aprendió a saber qué decir y qué hacer con el fin de complacerlos. Con la llegada de sus otros dos hermanos la fueron encajando en el rol de cuidadora. Para intentar obtener el afecto de sus padres tuvo que renunciar a sus verdaderas necesidades. Ahora, cada vez que alguien se interesa por ella siente desconfianza; cree que esa atención proviene de un lugar egoísta; que el otro/a la quiere o la desea por lo que es capaz de hacer y no por quien realmente es. Cuando debe tomar una decisión que afecta también a otra persona, revive el mismo conflicto que sufrió cuando era niña. Si decide lo que ella quiere pierde al otro; si la complace, debe renunciar a lo suyo, a sí misma. Para acabar de agravarlo, Mónica ya no siente qué es lo que en el fondo le pasa, ni lo que realmente quiere.

Intentar vincularse remueve el lodo del desconsuelo, despertando miedos inconscientes de una potencia estremecedora. Para evitar sentir estos conflictos podemos llegar a permanecer el resto de nuestra vida sin sentir la pertenencia ni el arraigo; con las parejas, las amistades, los hijos...

Hemos ocultado este extendido mal normalizándolo, profesando una especie de fobia colectiva hacia la implicación emocional. Se promueve la superficialidad y el consumismo afectivo y sexual; la libertad y la felicidad se asocian a la ausencia de compromisos.

113

Pero por mucho que intentemos engañarnos todos al mismo tiempo, la realidad no cambia: seguimos sintiéndonos insatisfechos. El escapismo sentimental deja a su paso una estela de vacío y soledad.

Necesitamos centrar el daño, ubicar las heridas, limpiar el pasado, ponerse al alcance de nuevas y positivas experiencias de relación. Permitirse vivir conscientemente el propio miedo al contacto pone de manifiesto nuestra vulnerabilidad, pero eso mismo nos hace más auténticos, más fuertes; abre las puertas a una vivencia del compromiso asociada a la honestidad.

La función de la pornografía

La pornografía es uno de los negocios audiovisuales que mueve más dinero en Occidente. La palabra pornografía proviene del término griego porne empleado antiguamente para designar a las prostitutas, y que su vez deriva de pernemi, cuyo significado es: «vendida» (en la antigua Grecia habían mujeres que vendían su cuerpo voluntariamente, y otras que eran vendidas como esclavas y debían actuar como tales). El sufijo «grafía» remite a «escribir» o «describir». La transcripción más fidedigna sería, pues, «descripción de aquella que se vende o es vendida».

En la pornografía hombre y mujer son presentados y utilizados como «objetos» sexuales, mostrando una «versión» de la sexualidad desvinculada del afecto y el deseo profundo de conocerse mutuamente. Mediante esta forma de estimulación sexual desplazamos el deseo hacia una representación ficticia, sustituyendo la experiencia de contacto directo y penetrativo con otro ser. Observar la relación que tenemos con la pornografía puede ayudarnos a confrontar y desvelar las propias carencias, miedos, mentiras y perversiones. A revisar lo que nos sucede al intentar sentir al otro.

A través de ésta, y mediante una especie de recreación teatral «para adultos», acostumbramos a excitarnos reafirmándonos en los mismos patrones relacionales de uso y abuso que venimos repitiendo desde pequeños. En los hombres heterosexuales, por ejemplo, existen ciertas fantasías comunes muy reveladoras respecto a las carencias y los daños recibidos por parte de la madre: la fijación y obsesión por los pechos tiene que ver con la insatisfecha necesidad de nutrición físico-afectiva (el amamantamiento encarna por excelencia este tipo de contacto). La fantasía del encuentro casual y fugaz, con recibir una entrega incondicional sin contrapartidas ni obligaciones. El sometimiento en cualquiera de sus formas (desprecio, insulto, daño físico...) dentro de la relación sexual, es un intento inconsciente de devolver el sentimiento de vulnerabilidad y humillación sufridos.

En las mujeres el empleo de los productos pornográficos no es tan habitual. En su caso la perversión y negación hacia el hombre se esconde más tras fantasías románticas y/o eróticas. Son menos evidentes y explícitas, pero esconden el mismo trasfondo de desvinculación afectiva y desinterés por conocer realmente al otro. Lo importante es, de nuevo, la fantasía creada sobre el hombre y no el hombre en sí mismo. En cualquiera de los casos ésta refleja la relación establecidas con el padre. Se trata de conseguir la atención, el interés, la disposición y la entrega total de éste, provocándolo o sometiéndose si hace falta. La entrega exclusivamente física, la salvaguarda de sentir el miedo y el daño recibido en su identidad como persona y como mujer.

Para inducir a una rápida excitación, en la pornografía la sexualidad se presenta como algo trepidante, acelerado. El término excitar proviene del latín excitare: «hacer salir». Mediante la provocación de la excitación encontramos la descarga física, pero también «salimos» con frecuencia de la vivencia del contacto, la comunicación, la cercanía. Mediante la fantasía sustituimos la presencia real de las personas e inventamos una relación ajustada a las expectativas.

Si lo que se desea es entrar en profundidad, conocer y darnos a conocer, hacen falta ciertas condiciones de tranquilidad, calma y seguridad. En esta zona de «desnudez» física y afectiva hemos sido maltratados, despreciados y rechazados. Intentar aproximarnos de nuevo desde este lugar nos remite a esa zona en la que seguimos desorientados, con pocos registros positivos y demasiadas heridas y sentimientos de culpa.

La revisión de las propias perversiones sexuales es una oportunidad para observar, constatar y replantearse cuestiones primordiales: ¿qué hago con mis ganas de conocer a aquel o aquella por quien me siento atraído? ¿Hacia dónde y cómo dirijo el impulso de penetrar, conocer y ser conocido? ¿Hasta qué punto deseo percibir y sentir a las personas de mi entorno? ¿Qué maneras de entrar en el otro/otra tenemos? ¿Podemos desear abierta y explícitamente? ¿Estamos receptivos a las manifestaciones de deseo hacia nosotros? ¿Podemos dejarnos ir y «perder la cabeza» en la entrega y la sensación de placer? ¿Qué lugar ocupa el placer en nuestra vida?

Conviene saber que la moral no puede per se, detener el daño y la perversión inconsciente; estás siempre encuentran la forma de emerger a la superficie. Es por eso que el moralismo conlleva una doble moral. El ejemplo de los «religiosos» es la muestra más clara al respecto (los clérigos son el colectivo profesional con el índice más elevado de pedofilia).

Toda perversión entraña una soledad y un dolor de fondo. Reconocer y aceptar esto es fundamental. La transformación a este nivel pasar por comprender y satisfacer nuestras necesidades esenciales: las que nos alimentan, las que nos dignifican y las que nos encaminan hacia un nuevo escalafón evolutivo.

RELACIÓN CON UNO MISMO

Pienso, luego no existo

El pensamiento habitual es involuntario, asociativo y reactivo. Vaga regido por encadenamientos emocionales y tiende a buscar e inventar problemas que nos mantienen lejos de lo esencial. «Pensar es perder el hilo», decía Paul Valéry. Nos pasamos horas y horas abstraídos e identificados con inercias mentales, imbuidos en un estado autohipnótico, retransmitiendo la vida sin a penas vivirla. Personalmente creo que bajo la forma habitual y ordinaria que tenemos de pensar deberíamos empezar a creer más bien en un «pienso, luego no existo».

Si nos ceñimos al significado fidedigno del término, pensar es reflexionar, examinar con cuidado algo para formar dictamen (DRAE). Reflexionar, a su vez, se define como considerar nueva o detenidamente algo. El «acto de pensar» requiere, pues, reconsideración y cuidado. Para pensar «correctamente» hace falta un espacio interno de tranquilidad. Hay unas frases muy elocuentes que ayudan a completar la definición sobre esta calidad del pensamiento: «No hay mucha gente que piense más de dos o tres veces al año. Yo he obtenido una gran reputación internacional pensando una o dos veces cada semana» (George Bernard Shaw). «Si consigues que alguien piense que está pensando, te lo agradecerá mucho. Si realmente consigues que piense, te odiará» (Elbert Hubbard).

Las personas hemos relegado al inconsciente la mayoría de las necesidades primarias y afectivas; esta desatención provoca un estado de insatisfacción y un constante intento de compensarlo por otras vías. El pensamiento ordinario está gobernado y supeditado en gran medida por estas funciones compensatorias y de ocultación. Es por ello que cuando estamos identificados con las dinámicas defensivas del carácter, la lucidez mental resulta imposible.

Intentar no pensar nada durante un minuto es suficiente para darse cuenta de que el funcionamiento mental no responde a nuestra voluntad. Son muchas las enseñanzas que conocen este hecho y que ofrecen un sinfín de propuestas para aquietar la mente. Existe, sin embargo, una tendencia a plantear el acceso al silencio interior como una práctica de sobreesfuerzo y lucha, y no como una integración de los diferentes aspectos del ser. Este matiz en la comprensión lo cambia todo, porque no es lo mismo plantear la búsqueda de la presencia y la trascendencia en una reunificación con nuestra naturaleza humana, que en una disociación con la misma. Por ello, personalmente considero incompleta toda práctica dirigida al conocimiento profundo del ser humano que no contemple de manera directa e implicada el desarrollo madurativo y afectivo que nos es propio.

Éste es un ejemplo sobre algunas dificultades que acostumbran a surgir en este tipo de prácticas, en las que ayudaría un abordaje complementario más comprehensivo. Miguel hace muchos años que realiza retiros de meditación, algo que con el tiempo le ha ayudado a centrarse y tranquilizarse ante determinadas situaciones. Al volver a su ritmo cotidiano empero, la disciplina y la calidad de sus ejercicios de meditación se reducen drásticamente. Las cuestiones pragmáticas, el trabajo, pero sobre todo la familia y las cuestiones sentimentales, lo absorben a tal punto que, por mucho que lo intenta, se le hace casi imposible centrarse en el aquí y ahora y poner en práctica lo aprendido. Cree que si aumentase la disciplina su vida cambiaría, pero como tampoco puede, se siente mal consigo mismo.

Bajo determinadas condiciones de aislamiento y silencio podemos conseguir separarnos un poco de la marabunta de la mente, pero cuando volvemos a la cotidianidad el ruido regresa, porque esta cantinela es, en sí misma, una parte inextricable del funcionamiento defensivo del carácter. Su función es la de amortiguar el dolor de los miedos y vacíos afectivos.

Darle vueltas a las cosas es la droga por excelencia y sigue los mismos patrones que una adicción convencional: suaviza el malestar manteniéndonos entumecidos y lejos de la realidad.

Los pensamientos nos permiten «levantar cabeza» y salir airosos de los diferentes fracasos personales. Para ello justificamos, culpamos, ex-culpamos e inventamos lo que haga falta. Las ideas pueden ser más o menos rebuscadas, las conclusiones más o menos extravagantes, pero gracias a esos esbozos de dignidad podemos «seguir tirando». Tal vez nuestra vida sea un cúmulo de despropósitos: las condiciones de trabajo, lo que cobramos, la hipoteca que pagamos, nuestro jefe, nuestras amistades, la pareja que hemos escogido. Tal vez nada de eso cuadre con lo que deseábamos o que sea incluso todo lo contrario, pero al menos creemos que internamente «somos libres». ¡Libres para pensar lo que nos da la gana! En la secreta intimidad del raciocinio nos consideramos especiales; cada uno a su manera y con su peculiar estilo narcisista. En ese lugar no tenemos que dar explicaciones, podemos insultar, juzgar, enamorarnos platónicamente, admirar, repudiar, odiar, asesinar, ser perversos, creernos santos o demonios depravados sin fichar. Los códigos morales intervienen, pero son del todo incapaces de contener la hemorragia emocional que guía las rutas del pensamiento.

Mal que pese reconocerlo, somos esclavos de los pensamientos, y lo peor de todo es que vivimos esta servidumbre como si nosotros fuéramos los amos. Darse cuenta es el primer paso. Eso sí, nos sitúa ante una delicada y comprometida tesitura, pues aquello en lo que basamos la confianza, la fuerza y la identidad, de repente se revela insustancial.

Al abordar este tema corremos el riesgo de que la tendencia al sobreesfuerzo, que por lo general guía nuestras vidas, vuelva a tomar las riendas de la situación. Enfrascarse en una «guerra para conseguir paz interna», aparte de absurdo, es sumamente peligroso. La lucha contra el pensamiento o contra el ego (como algunos lo llaman) es un acto de prepotencia y desesperación condenada al fracaso.

Hay muchas propuestas que pueden ayudarnos a aquietar la mente, pero conviene saber que ninguna técnica ni consejo puede sustituir las necesidades afectivas que radican en el origen del problema. Atravesar ese mar de confusión y dolor en la que todo ello descansa requiere una clara disposición personal, pero también compañía, respeto y consuelo. Para reconocer nuestras capacidades y verdadero sentir hacen falta personas que nos ayuden con su presencia, dulzura y honestidad. Iniciar este viaje épico abre la posibilidad de una nueva relación con el mundo de las ideas. La calma que da «sentirse y tenerse a uno mismo», deja espacio a un tipo de pensamientos más claros y lúcidos. Ideas que surgen desde el silencio y nos retornan a él. Que emergen del origen y nos devuelven a lo esencial. Pensamientos hermanados con los sentimientos en un pacto de coherencia y fidelidad.

La relación con el cuerpo

Mientras descansa bajo la sombrilla, Elena tiene un lúcido recuerdo de una de sus primeras experiencias en el mar: su cuerpecito mecido por el vaivén de las olas; el olor del mar transportado por una suave brisa la envuelve y acaricia. El calor en su cabeza y espalda contrasta con el frescor del agua y la invita a sumergirse. Notar su cuerpo flotando la llena de gozo. El movimiento ha cambiado, está nadando, los brazos y las piernas encuentran de forma instintiva un equilibrio que le permite flotar. Puede oír su propia respiración. Unas voces a lo lejos la reclaman; la comida está lista. Corre hacia la playa aún estremecida por esa mezcla de temperaturas, texturas y consistencias que ofrecen el agua y la arena. Elena despierta de su ensoñación con un sabor de anhelo y frustración. Hace muchos años que no tiene esa clase de experiencias. La sensación de presencia y silencio interno son cada vez más escasas. Con el tiempo ha ido perdiendo sus facultades sensitivas y le cuesta reconocerse a través de su cuerpo, el cual vive con extrañeza y sólo atiende cuando le duele o cuando se da cuenta de que se está haciendo mayor.

Cuando somos niños la consciencia sensorial ocupa un lugar central; al hacernos mayores, por el contrario, tendemos a alejarnos de las sensaciones corporales, identificados y sumergidos proclivemente en los procesos mentales y emocionales. ¿Por qué sucede esto? Sensaciones y sentimientos están unidos. Distanciarnos del cuerpo nos sirve como anestesia para sobrellevar el incapacitante malestar que provoca la falta de afecto.

Prestar atención a lo que decimos a los demás y a nosotros mismos sobre el cuerpo pone de manifiesto la relación que hemos establecido con él. En general abunda la falta de respeto y la carga despreciativa. Las comparaciones y la crítica, por ejemplo, acostumbran a esconder un rechazo latente. Percatarse mientras lo estamos haciendo y dejarse sentir el sufrimiento en el que todo esto se desarrolla es fundamental para tomar consciencia del mal de fondo y salir de ciertas espirales autodestructivas.

Hemos establecido una «relación de poder» con el cuerpo donde lo importante es que se él adapte a nuestras expectativas. En la mayoría de sistemas educativos, por ejemplo, la actividad física es tratada desde una vertiente meramente práctica y de rendimiento. El ejercicio, la pericia o la coordinación siguen estando al servicio de los resultados obtenidos. El cronómetro, el gol, la estética externa del movimiento o ciertos criterios de lo que es «saludable». La vivencia de uno mismo a través de la consciencia sensorial es una experiencia desterrada.

Otra práctica culturalmente normalizada que refuerza este patrón de utilización y sometimiento es la cirugía estética. Aumentar, reducir, seccionar, añadir, poner, quitar... El cuerpo desde aquí es un «medio» al servicio de los deseos personales y colectivos. Esta autoagresión consentida y promovida vestida de «autoestima» da medida del lugar que ocupa el respeto y la escucha hacia uno mismo.

Percibir las reacciones corporales brinda la oportunidad de conocer lo que nos sucede bajo la superficie. Centrarse en las sensaciones aproxima a la parte tangible de las problemáticas disolviendo, en parte, las fantasmagorías donde a menudo nos hallamos «colgados». Por ejemplo, la sintomatología de las crisis de ansiedad puede ser atenuada y reconducida con relativa sencillez, atendiendo expresamente a las reacciones corporales (palpitaciones, sudores, mareos...). El intento de huida y la lucha contra estas mismas sensaciones por el contrario, acentúa la espiral de reacciones e irrealidad y también, por tanto, la ansiedad.

Otra de las manifestaciones habituales de esta desconexión con el cuerpo que vale la pena observar es, por ejemplo, la tendencia a prestar atención al organismo sólo cuando el dolor rebasa ciertos límites perjudiciales. Mucha gente cree que el dolor físico aparece de repente, pero normalmente eso no es así. Acostumbra a existir una aparición progresiva de señales sensoriales que si atendemos, pueden ayudarnos a tomar consciencia y hacer algo al respecto: descansar, aflojar el ritmo de la tarea que estamos realizando, etcétera.

Curiosamente también nos cuesta estar con las sensaciones agradables. Aunque somos una sociedad profusamente hedonista, estamos muy lejos de sentir verdaderamente el placer. Lo confundimos con la excitación, la euforia, la fantasía y el deseo, pero la experiencia sensorial del placer, al igual que sucede con el dolor, requiere un mínimo de presencia, calma y silencio interno para poder ser apreciada; unas condiciones incompatibles con el estrés y la ansiedad que nos impregnan.

¿Puedo percibir ahora mismo el grado de tensión que estoy poniendo en los brazos para sostener el libro? En este momento, ¿cuál es mi postura corporal? ¿Cómo siento el cuerpo mientras leo? ¿Lo siento?

Por lo general empleamos una tensión excesiva en tareas que en realidad no requieren tanto esfuerzo.

Estamos escindidos de nuestro organismo, al que tratamos como si fuera algo que acarreamos. A veces parece que mantenemos con él una tregua amistosa; otras, la mayoría, cuando determinamos que se opone a la consecución de nuestros deseos, lo vivimos como un incordio. Querríamos cambiarlo, diseñarlo a nuestro antojo; desde este estado disociativo parecemos lejos de comprender que cuidarlo es cuidarnos y cuidarnos es cuidarlo. Nosotros también somos este cuerpo. ¿Por qué tanta resistencia a aceptarlo? ¿Por qué tanto énfasis en situar nuestra identidad en una entelequia o sustancia mental o anímica desvinculada de la materia? ¿Por qué este acérrimo desprecio? Desde mi punto de vista, las corrientes filosóficas y religiosas imperantes no han hecho más que reflejar y justificar un miedo que ha sustentado y sustenta civilizaciones.

Reintegrarse sentida y voluntariamente con el cuerpo implica asumir el dolor de las innumerables frustraciones en él hospedadas. Supone aproximarse a unas necesidades que incesantemente intentamos desterrar. A una fisicalidad pervertida, una sexualidad reprimida, a la opresión del movimiento y la castración de los impulsos. A la vivencia de una fealdad, una maldad y una suciedad a la que estuvimos sobreexpuestos y con las que acabamos confundidos.

A través de su percepción, el cuerpo nos pone en contacto con la realidad; con las capacidades, pero también con los límites. Eso nos obliga a renunciar a las fantasías e ideales sobre nosotros mismos y sobre los demás. Sin consciencia del cuerpo no sentimos la vida, sólo fantaseamos estar viviendo. Las sensaciones corporales nos acercan a la presencia en el aquí y ahora, nos ayudan a poner las cosas en su justa medida. A salir del autoengaño. A sentir quien realmente somos.

La diferencia entre el dolor y el sufrimiento

A menudo confundimos dos experiencias cualitativa y sustancialmente diferentes: el dolor y el sufrimiento. El dolor nos remite al presente. Se sustenta en sensaciones concretas e identificables, dentro de un espacio concreto (el cuerpo) y durante un tiempo determinado. Por el contrario, el sufrimiento pervive alimentado por un tiempo y un espacio distintos del «aquí y ahora». Sufrimos por lo que ocurrió o por lo que ocurrirá, o bien por lo que creemos que está aconteciendo. Es un artificio que requiere una cierta clase de pensamientos y emociones.

Cuanto mayor es la negación del dolor más intenso es el sufrimiento. El conocimiento de este hecho es fundamental para todos aquellos que sentimos la necesidad de comprender las causas profundas del malestar. Insensibilizarse por defecto supone perder la comunicación con el propio cuerpo, con un tipo de inteligencia que habla de nosotros mismos.

¿Por qué mostramos un rechazo tan grande hacia el dolor y a su vez parecemos profesar una pasión/atracción hacia el sufrimiento? El mensaje promovido durante siglos por la religión católica, proclama que Cristo sufrió por nosotros y que nuestro sufrimiento por los demás nos brindará el paraíso celestial, de lo contrario, nos aguarda el calvario del infierno eterno. El paradigma de la ciencia y la filosofía que impregna la sociedad occidental afirma, por su parte, que el ser humano es el producto de una evolución fundamentada en las alteraciones genéticas (mutaciones) y una selección natural basada en la competencia y la lucha por los recursos. Desde este punto de vista, los seres vivos vagamos regidos por el azar, la depredación, la competencia y «la ley del más fuerte». En el arte y los medios de comunicación el concepto de «realismo» se asocia a la crudeza y el desánimo existencial. En los tres casos, la soledad y la posibilidad de ser aplastado por un Dios/Animal/Universo implacable, se erigen como el más probable de los destinos.

Legitimamos este género de creencias porque nos sustentamos en ellas. Como niños, tuvimos que sobrevivir y estructurarnos alrededor de relaciones y ambientes en los que la frustración, el desconsuelo y la falta de amor estaban muy presentes. Nos construimos desde la precariedad afectiva, y eso nos hizo y nos hace sentir vulnerables. El bienestar en las relaciones de pareja, familiares, de amistad, o profesionales, cuando lo hay, acostumbra a ser frágil, y puede perderse en un abrir y cerrar de ojos. Lo que creemos claro y estable se disipa de repente. Debido a esta situación emocional caótica dominada por la incertidumbre, el sufrimiento parece «lo real».

Rosa hace varios años que sigue un proceso psicoterapéutico. Hay un síntoma físico que sufre desde su niñez de forma más o menos intermitente, se trata de un dolor en la zona abdominal que en ocasiones puede llegar a ser muy agudo. Ha pasado por numerosos especialistas, pero no ha encontrado un remedio eficaz. Con el tiempo, durante su proceso terapéutico, ha podido aprovechar dicho síntoma para centrarse en sí misma. Profundizando en la sensación física y emocional del malestar, comprueba como el dolor la conecta con una experiencia de preocupación y angustia inconsciente. Poco a poco ha podido asociar su sintomatología a situaciones que la remiten a su infancia; momentos de represión de su impulso vital, desesperación, miedo, desnutrición afectiva... De forma progresiva, el dolor está pasando de ser algo que la sumía en un estado de sufrimiento y conflicto interno sin salida, a convertirse en un recordatorio que le permite tomar consciencia y expresar sus verdaderas necesidades.

El dolor más profundo y que más cuesta de expresar es el que tiene que ver con las personas que amamos. De niños, cuando la expresión del dolor es ignorada y/o castigada, no nos queda otra opción que negarlo; taparlo y reconducir los verdaderos sentimientos hacia reacciones emocionales, que dependerán de la estructura defensiva del carácter que vayamos definiendo. Una de las maneras más habituales de gestionar el daño afectivo acumulado es mediante la descarga: arrebatos emocionales desproporcionados, fanatismos políticos, deportivos, ideológicos, luchas de poder, búsqueda de situaciones relacionales conflictivas y dramáticas, compulsiones, adicciones, obsesiones. Pero la descarga es un mecanismo que sólo alivia de forma momentánea sin transformar la situación. Para liberar el dolor hemos de asegurarnos que las personas que dicen querer ayudarnos no volverán a herirnos cuando nos mostremos vulnerables. Hemos de construir vínculos sólidos y positivos, basados en la escucha, el respeto, la cercanía, la honestidad, la confianza y la comunicación. La única manera de redimir este mal forjado en el desamparo, es sintiendo que ante nosotros hay, ahora sí, personas que respetan nuestra forma de ser y lo que nos pasa.

Cuando la aflicción se atenúa y el corazón es ocupado por una vivencia de amor y dignidad, podemos trascender la historia que nos condiciona y decidir, sentidamente, qué nuevas formas de relación queremos construir.

Conocerse a través de la enfermedad

Contemplamos la enfermedad como un estorbo que hay que erradicar. Intentamos recuperar el ritmo de los quehaceres cotidianos acallando los síntomas cuanto antes, sofocando las señales que llegan a través del cuerpo. La medicina moderna también se suma a esta tendencia, desestimando las «crisis del organismo» como oportunidades para una transformación personal más profunda.

Desde mi punto de vista, esta actitud socialmente promovida de «lucha contra la enfermedad» impide atender lo que está aconteciendo en nuestro interior. Afortunadamente existen otras alternativas, cada vez más presentes, que intentar ir más allá de esta visión fragmentada y reduccionista. Quiero exponer a continuación algunas consideraciones que pueden ayudar a aprovechar la enfermedad como una oportunidad más para conocerse y evolucionar.

Sensibilidad agudizada

Durante los períodos de dolencia aumenta la sensibilidad y la consciencia sensorial. ¡Algo pasa! Necesitamos saber qué nos sucede y qué puede ayudarnos. El agotamiento físico y las limitaciones propias de la afección nos piden reposo y recogimiento, cuidarnos y dejarnos cuidar. Meternos en la cama, estar estirados, evitar el exceso de luz y ruido, hacer y hablar lo justo... Un estado pasivo y receptivo donde la atención y los sentidos se vuelcan de manera natural hacia uno mismo. Este obligado alto en el camino se convierte en una oportunidad para sentir qué nos sucede.

Dejarse cuidar

Al enfermar quedamos, en alguna medida, desvalidos. Dejamos de poder funcionar desde nuestro habitual sistema de control y nos damos cuenta que somos frágiles y que necesitamos de los demás. Se desentierran carencias, miedos y actitudes contradictorias. Es un momento confuso a nivel emocional y relacional. Deseamos ser atendidos de forma «especial»; llenar el enorme e inconsciente vacío de afecto e incondicionalidad, aferrados, a la vez, la oposición defensiva y recelosa propia del carácter. Actitudes demandantes y exigentes emborronan los gestos de ayuda recibidos: el caldo está demasiado caliente o demasiado frío, el tono con el que se dirigen a nosotros es poco cariñoso, no nos preguntan suficientemente cómo estamos... A menudo salen a flote las vivencias de abandono, de resentimiento, desamparo, soledad, rabia. Nos cuesta entrar de forma consciente y voluntaria en un estado de reposo y regeneración, porque al dejarnos ir y estar con nosotros encontramos dramas y carencias profundas irresueltas. Afloran dolores que nos conectan con una enfermedad de un orden mayor: la falta de amor.

Un enfoque psicosomático respetuoso

La Psicosomática es la rama de la medicina que estudia la relación entre los fenómenos orgánicos y psicoemocionales para ayudar en los procesos de curación. Este término, fruto de una previa y desafortunada segmentación entre el cuerpo y la mente, resulta un tanto engañoso, porque puede hacernos creer que existen enfermedades psicosomáticas y otras que no lo son. Desde un punto de vista sistémico, sin embargo, todo está conectado con todo, y la segmentación entre cuerpo, emociones y cognición sólo puede darse, si acaso, sobre el papel. La vivencia subjetiva de la persona respecto a su propio malestar es tan o más importante que los niveles de catecolaminas o transaminasas, y debería ocupar el lugar central que le corresponde.

Hipócrates, el padre de la medicina moderna, dijo: «Las fuerzas naturales que se encuentran dentro de nosotros son las que verdaderamente curan la enfermedad». Por ende, y siguiendo desde este enfoque holístico, la enfermedad encarna la dificultad para que los potenciales y fuerzas vitales se manifiesten, y sus síntomas pueden ser empleados como señales con las que descubrir y liberar los bloqueos internos subyacentes.

Intentar profundizar en las disfunciones físicas supone, por tanto, entrar en un terreno comprometido y repleto de resistencias internas. Bloqueamos aquello que rechazamos de nosotros mismos: necesidades, impulsos, emociones..., negaciones originadas en la mayoría de ocasiones, en y a través de las relaciones vinculares. Aproximarse a todo esto nos pone en contacto con dolores gestados, encapsulados y mantenidos por el desencuentro afectivo y el desprecio a nuestra identidad. Para adentrarse en este terreno no basta por consiguiente, con las buenas intenciones. Se trata de un proceso delicado y complejo. Necesitamos un cuidado que nos garantice coherencia y respeto. Personas dispuestas a atendernos cuando mostremos esos aspectos que repudiamos y de los que huimos.

Incorporar esta categoría de abordajes es la mejor inversión que podemos hacer para evolucionar hacia un lugar de comprensión, consciencia y responsabilidad. Todos tenemos derecho a indagar en lo que nos sucede, y obtener un conocimiento que nos dignifique y nos permita recuperar la fuerza y el amor que nos distingue.

La fuerza del lado oscuro

Si hacemos un repaso de los cambios sucedidos en los últimos tiempos en la trama de los relatos cinematográficos, literarios o teatrales, nos daremos cuenta que vienen consolidándose ciertos hechos comunes: por una parte, la presencia de un poder destructor ocupando un papel protagonista, por otra, la difuminación y el cuestionamiento de los límites entre «el bien» y «el mal». La justificación y el enaltecimiento de determinados personajes con actitudes deliberadamente agresivas y sádicas ponen en evidencia la enorme atracción que genera la capacidad para ejercer la destrucción; la fantasía donde es posible lograr lo que deseamos y acabar con el sufrimiento propio o ajeno de una manera radical y fulminante. La seducción que profesamos por las recreaciones violentas revela que la destrucción late dentro nuestro. Es la fuerza con la que nos hacemos daño a nosotros mismos y a los demás; la que alimenta la rabia, el odio, la envidia, el sarcasmo, la ironía, la indiferencia; la que dirige las conductas agresivas, las adicciones, los excesos y la búsqueda inconsciente de conflictos. La que nos provoca un estado de enjuiciamiento y menosprecio hacia la vida. Es la fuerza, en definitiva, que nos mantiene fijados a situaciones y relaciones destructivas.

Olga es una mujer de apariencia afable y cordial, que se considera a sí misma moralmente correcta. En su fuero interno sin embargo, se pasa gran parte del día juzgando a conocidos y desconocidos y profesa una especial animadversión hacia los extranjeros, las mujeres más atractivas y mejor situadas económicamente que ella, hacia los hombres que no le hacen caso o que le prestan demasiada atención, a todos los familiares por parte de su madre, a los ancianos que se quejan, a los niños maleducados, a los que van mal vestidos o excesivamente arreglados... Cuando siente celos o cree que alguien la critica, tiene verdaderos accesos de ira. Aunque no lo expresa abiertamente, imagina qué le diría o haría a tal o cual persona. Fantasea formas de vengarse y prepara mentalmente agresiones verbales para utilizarlas en caso necesario.

Siempre han existido corrientes filosóficas, religiosas, políticas, científicas y psicológicas que han intentado asociar esta clase de expresiones a un impulso de muerte y maldad inherente al ser humano. Pero ¿cuál es el origen de esta fuerza destructiva?

Si consideramos la vida como un proceso que tiende a la expansión y la evolución, convendremos que no es necesaria la invención de una contrafuerza involutiva. Las agresiones y la privación de condiciones adecuadas para dicho desarrollo, unidas a la imposibilidad de expresar el malestar que todo ello ocasiona, son suficientes para encontrar una explicación al odio que encerramos. Cuando nos agreden (por activa o por pasiva) y al mismo tiempo no nos dejan expresar ni recogen el malestar que sentimos, el daño va acumulándose y enrareciéndose. El mal retorcido sobre uno mismo va conformando lo que en ocasiones es denominado como «la sombra» o el «monstruo». Ambos términos son reveladores al respecto. La sombra es la proyección oscura de un cuerpo que no deja pasar la luz. Es decir, el reflejo de aquellos aspectos de uno que han sido ocultados a la consciencia. Por otro lado, aunque la «monstruosidad» remite a cualidades y fuerzas antinaturales, el término monstruo proviene de la misma raíz etimológica que mostrar. Su origen se remonta a monstrum, que antiguamente se utilizaba para revelar la presencia de «algo divino y sobrenatural», sin la connotación de espanto que actualmente conlleva. El monstruo entendido desde este punto de vista sería, pues, aquel que recoge y muestra los aspectos de uno que no han podido salir a la luz. El producto de la perversión del impulso de vida. Las masacres, los genocidios, las violaciones, los horrores, el sometimiento y el rechazo a los sentimientos y las relaciones en cualquiera de sus formas surgen de este lugar. Su fuerza se sitúa en una zona de supervivencia, terror y desconfianza, donde lo único que importa es matar para no morir. Pondré un ejemplo para entender cómo se origina esta destrucción perversa durante la infancia.

Alois es funcionario de aduanas, un hombre altivo, bebedor, que maltrata a sus hijos y a su mujer. Las injusticias y la tortura emocional y corporal son el pan de cada día. El más pequeño de sus hijos se ve sometido a un estado de constante amenaza; castigos desproporcionados, latigazos... En cierta ocasión, tras el intento de éste de escaparse de casa, Alois casi lo mata de una paliza; tenía en ese momento once años. Klara, la madre, es una mujer sumisa y dependiente, que también descarga su malestar sobre él cuando el padre no está presente.

Existen dos principios familiares impuestos por el cabeza de familia. El primero: no manifestar dolor, sufrimiento, miedo ni rabia bajo ningún concepto. El segundo: obediencia total.

El niño en cuestión es Adolf Hitler, posterior responsable del genocidio de más de once millones de personas.

En uno de sus escritos Hitler declaró lo siguiente: «Mi pedagogía es dura. Lo débil debe eliminarse a martillazos. En mis fortalezas de la Orden Teutónica crecerá una juventud que hará temblar al mundo. Quiero una juventud violenta, dominante, impávida, cruel. La juventud ha de ser todo esto. Ha de soportar dolores. En ella no debe haber nada débil ni tierno. La fiera libre y espléndida deberá brillar nuevamente en sus ojos. Quiero una juventud fuerte y hermosa... Así podré crear algo nuevo».

Todo un alegato a favor del monstruo del que antes hablaba, al que millones de alemanes educados bajo un mismo estilo de tiranía familiar se adhirieron rápidamente. Hitler permitía y hacía lícito odiar abiertamente, volcar la destrucción de varias generaciones de personas abusadas y reprimidas contra un chivo expiatorio común, en este caso sobre los judíos. Curiosamente él mismo dijo en una ocasión: «Si los judíos no existiesen habría que inventarlos»; lo que muestra que lo importante no era el objeto odiado sino sacar el odio.

La desgarradora crueldad de situaciones como ésta muestra con claridad cómo la destrucción se origina en un mal previamente recibido. Todos hemos sufrido de una u otra forma historias de abuso y violencia. Seamos conscientes o no tenemos un «nazi» dentro que ha pasado a formar parte del paisaje interno.

Para reintegrar el «monstruo» necesitamos entrar en sus entrañas, sentirlo y darle sentido. El odio que profesamos no es hacia la vida, sino hacia los condicionamientos que atentan contra nuestra dignidad. Detrás de todo ello nos mueve un deseo puro de encuentro; una fuerza destinada a una conquista épica, la de sentir la existencia y nuestro legítimo lugar en ella.

Una dependencia sana

Los seres humanos (y algunos de los que están bajo nuestra influencia) somos los únicos animales que mostramos dependencias insanas. Hacemos cosas que perjudican gravemente nuestra salud física y mental, y que nos conducen en innumerables casos a la muerte. La lista de adicciones es descomunal: Tabaco, alcohol, medicamentos, sexo, apuestas y juegos, televisión, internet, móviles, comida, compras, trabajo, ruido interno, preocupaciones... Como el pretendido bienestar tampoco llega, la tendencia más habitual es la de aumentar la intensidad de las adicciones y generar otras nuevas.

Padecemos una «des-esperación» subterránea, que escondemos tras obsesiones, perversiones y compulsiones socialmente compartidas y normalizadas. Resignados, buscamos en lugares que poco o nada tienen que ver con nuestras auténticas necesidades. «¡Hacemos lo que nos da la gana!», sí, pero no nos engañemos, no nos damos lo que necesitamos porque ni tan siquiera sabemos de qué se trata. Cargados de razones, explotamos aquellos circuitos de ilusión, excitación, euforia, decepción y culpa con los que hemos aprendido a destilar una cierta sensación de intensidad.

Durante los primeros años de vida, los seres humanos somos la especie animal con el mayor nivel de vulnerabilidad y dependencia. Si durante este período dispusiésemos de las condiciones prácticas y afectivas adecuadas, más tarde tendríamos un enorme grado de integridad, autonomía e independencia.

Curiosamente, entre adultos, reconocerse dependiente del cuidado de otras personas despierta fuertes reacciones de animadversión y repulsa. Por ejemplo, después de cierto tiempo en un proceso psicoterapéutico, es frecuente escuchar como en el entorno del paciente se repiten juicios reprobatorios: ¿aún sigues yendo al psicólogo? ¿No te estarás volviendo dependiente? ¡Ten cuidado! ¡Creo que deberías dejarlo! ¡Hay que espabilarse por uno mismo! La decisión de mantener una relación profesional con alguien que sentimos nos ayuda es considerada por muchos, como una especie de aberración inadmisible. Una relación profesional, por cierto, tal y como yo la entiendo, dedicada a favorecer que la persona logre un independencia realmente sólida. ¿Qué nos pasa al respecto? ¿Por qué tanta oposición a sentir que necesitamos la ayuda de los demás?

El proceso que lleva a vivir conscientemente la dependencia es un recorrido que requiere mucha valentía, porque despierta carencias y miedos fuertemente arraigados; nos transporta a un lugar tenebroso del que tuvimos que huir. Falta de respeto, manipulacio-

140

nes, abusos, inanición y toda clase de toxicidades. Nuestras historias infantiles están repletas de momentos en los cuales depender de los adultos implicaba tener que renunciar a la propia dignidad. Somos hijos de padres desatendidos, y quien no tiene no puede dar; pero el mayor problema no es ése, sino la falta de consciencia y responsabilidad al respecto. Enmascarar las propias limitaciones y dificultades inculpando y agrediendo a los hijos tiene consecuencias devastadoras. Éste es un ejemplo bastante habitual: la pequeña Iris está sola en su habitación, se siente inquieta y llama a su madre, que en ese momento está cansada y tiene ganas de estar a su aire. Ante la insistencia de la pequeña, finalmente estalla: «¡¿Se puede saber qué narices quieres?! ¡Eres una pesada! ¡Deja ya de llamarme, te crees que soy tu criada! ¡Estoy harta!». La madre, lejos de reconocer su propia falta de disponibilidad, trata la necesidad de su hija como un acto caprichoso y de abuso, y cargada de razones la ataca para acallarla. Este tipo de hechos conforman el perverso substrato donde empezamos a asociar la necesidad de los demás, al rechazo y la agresión. Con el tiempo lógicamente, vamos encontrando la manera de negar las necesidades que implican tener que mostrarse de manera abierta y directa.

La falta de sensibilidad de los adultos hace que los bebés, en una edad demasiado temprana para entender, sostener y postergar su nutrición física y afectiva, sean los que tienen que adaptarse al «cuándo», al «cuánto» y al «cómo» recibir. Este hecho genera críticos descompasamientos respecto a sus ritmos y requerimientos biológicos. Mamar, comer, dormir, contacto físico, jugar... Todo va supeditándose al criterio adulto. De esta forma el pequeño no obtiene satisfacción en el momento en que está internamente predispuesto y receptivo. Para ayudar a entenderlo, sería algo así como forzarnos a beber cuando no tenemos sed y privarnos de bebida cuando estamos sedientos. Esta situación genera mucha inseguridad y desconcierto, y provoca ansiedad, conductas agresivas, compulsiones, reacciones de voracidad, indiferencia, etc. Algo que más tarde podemos ver reflejado en los innumerables conflictos con la nutrición, la sexualidad, el descanso, etcétera. La saciedad y la calma va quedando cada vez más lejos, y en su lugar prorrumpen la intranquilidad y una difusa sensación de peligro.

La confusión de los pequeños se incrementa aún más cuando los mayores eluden de manera sistemática las experiencias que requieren de su presencia y contacto con substitutivos. El empleo masivo e innecesario de chupetes y biberones es un ejemplo; en este caso, el calor directo de la madre es cambiado por objetos de plástico. El niño acaba encontrando cierto consuelo al succionar el látex, y traspasa su dependencia al objeto. El consuelo dura hasta que un buen día, los padres deciden que ya se ha acabado el tiempo de ir con el chupete, y se lo quitan empleando mentiras y humillaciones, si es preciso: «Ya eres mayor para llevar eso», «vas a parecer un bebé y nadie querrá jugar contigo», «déjalo o vendrá el monstruo que se come los chupetes». Estas secuencias de frustración y posterior incriminación tienen unas consecuencias devastadoras; la confusión y la culpa que sufrimos se alimentan en gran parte de ellas.

Las dependencias destructivas en sus múltiples formas son intentos de solución y compensación de carencias relacionales. Para solventarlas hemos de acercarnos de nuevo a nuestra dependencia afectiva irresuelta. La tendencia a la adicción sólo puede sanarse dando satisfacción a las necesidades reales. Transitar de nuevo estas zonas despierta muchos miedos, pero es la puerta hacia una verdadera independencia.

La relación con el dinero

De manera cíclica afloran miedos y sensaciones de insuficiencia y precariedad económica, que ponen en cuestionamiento nuestra capacidad de autonomía como individuos y como sociedad. En general vivimos graves contradicciones con el dinero, conflictos que cuestionan nuestros valores, principios y todo aquello en lo que nos sustentamos.

Aunque se trata de un objeto simbólico, la relación con el dinero sigue patrones emocionales y psíquicos similares a los de cualquier otra. Atracción, deseo, desprecio, obsesión... Reflejos de la vivencia que hemos integrado sobre «el dar y el recibir» durante el proceso de vinculación.

El dinero permite conseguir que otros hagan por y para nosotros. Es como una especie de brazos extensibles que nos capacitan para influir sobre el entorno y conseguir lo que deseamos.

La integración de esta «capacidad-poder» esta fuertemente imbricada a la relación de entrega vivida con los padres. En ésta se antepusieron con frecuencia sus prioridades, y nuestros deseos y demandas fueron menospreciados; tildados de caprichos o muestras de un egoísmo infantil a erradicar. Los gestos de entrega estuvieron teñidos demasiado a menudo con quejas, culpabilizaciones, chantajes y manipulaciones. Recibir lo que queríamos fue quedando poco a poco condicionado a nuestras acciones, obligaciones, resultados, notas, trabajo, esfuerzo o «buen comportamiento». Poco a poco fuimos aprendiendo que no merecíamos obtener reconocimientos por quienes éramos, sino por lo que hacíamos. Al hacernos mayores fuimos asumiendo que conseguir dinero también implicaba, de un modo u otro, ajustarse a deseos y condiciones ajenas. De esta manera lo fuimos asociando al sometimiento y la traición a uno mismo; a la precariedad interna; a la sensación de no tener por uno mismo, cosas auténticas y buenas que ofrecer, y de sentirse, en cierta medida, inmerecedor.

El siguiente caso permite asistir a este drama oculto. Jorge sufre una falta de estabilidad económica desde hace años que lo mantiene inmerso en un estado de inseguridad y miedo al futuro. Las preocupaciones laborales, los gastos y las responsabilidades económicas lo absorben. Ha probado diferentes maneras de hacer fortuna, algunas convencionales y otras cimentadas en el oportunismo y la suerte. Tras una larga y estéril batalla decide, dentro de su proceso terapéutico, indagar en su relación con el dinero. Ha empezado a darse cuenta de que tras sus enormes empeños por obtener más prosperidad se esconde una desesperación subterránea, originada en la desnutrición afectiva. Jorge está descubriendo que en el fondo le cuesta recibir cosas buenas de los de-

144

más y sentir qué es lo que tiene él para ofrecer. Aunque de momento se encuentra ante el abismo de la carencia, vive por primera vez, que se halla frente a una oportunidad real de transformación.

En esta sociedad, no tienen más los que más aportan, sino los que más aprovechan las brechas del sistema. Bancos, especuladores, monopolios extorsionadores, políticos sin principios, empresas que priman la cantidad por encima de la calidad..., lo humano no cotiza. Vivimos en la cultura del «pelotazo». Los que son capaces de enriquecerse comerciando con «poco» a cambio de «mucho» son los que mueven los hilos de la economía mundial. Para ellos el fin justifica los medios y con atonía comprobamos, una vez tras otra, que las leyes los amparan. La crisis económica destapada en 2008 ha sacado a la luz las entrañas sobre las que se sustenta la sociedad.

¿Por qué hemos permitido que la especulación y la usura hayan adquirido estas aberrantes proporciones? ¿Cómo hemos colaborado insuflando aire a esta insostenible burbuja crediticia?

A lo largo de nuestra educación hemos confundido «ser» con «tener», y ahora recurrimos a la identificación con el dinero para encontrar el propio valor, en confusiones como: «soy lo que tengo» o «cuanto más tengo, más soy». La avaricia, la codicia, la ostentación, o la ambición sin ética ni medida, se engranan en este hecho. De forma más o menos confesa, vivimos con la esperanza de llegar algún día a estar «ahí arriba», en el exclusivo grupo de los que «tienen». Creemos que seremos libres cuando el dinero corra a raudales por nuestra cuenta corriente. La «utopía de la autosuficiencia» resulta muy tentadora, y desde la perversa relación establecida con lo material, pensamos que por el hecho de atesorar grandes cantidades, vamos a librarnos de la interdependencia con el resto de la humanidad. Pretendemos sortear la dependencia y la exposición al intercambio cotidiano con otras personas; eludir para siempre la petición de ayuda y favores. En cierto modo, aspiramos a dejar de ser humanos. Hemos perdido la función y el valor del dinero. La actual «crisis económica», más allá de sus incómodas repercusiones prácticas, es una oportunidad para replantearse dicha función: ¿qué significado le otorgo al dinero? ¿Qué lugar ocupa en mi vida? ¿Valoro lo que ofrezco? ¿Valoro lo que recibo?

Transformar la relación con el dinero implica tomar consciencia y responsabilizarse de la miseria afectiva sobre la cual hemos construido nuestra identidad. Ciertamente, con este panorama de fondo es fácil entender porque preferimos reproducir los registros conocidos, creando una y otra vez situaciones que nos abocan a la precariedad e inseguridad económica: contratar una hipoteca demasiado alta, un coche demasiado caro, unas vacaciones excesivamente lejos, etcétera.

Para lograr un cambio consistente a nivel personal y comunitario hemos de mantenernos fieles a nuestros propios valores y reconciliarnos con la proscrita necesidad de los demás. Contemplar el intercambio como un gesto donde no sólo entregamos y recibi-

146

mos dinero, sino también aprecio, confianza y reconocimiento. Donde no sólo entregamos productos y servicios, sino también quienes somos.

AYUDAS

La falsa bondad

El moralismo de las generaciones pasadas resulta política y estéti-
camente incorrecto, por eso, al igual que la serpiente, va mudan-
do la piel. Muchas de las nuevas terapias y filosofías son herederas
de este pretérito proselitismo moralista.

Desde la falsa bondad el otro se aproxima desde un desprecio
encubierto, viéndonos como un ser descarriado que «no se entera
de qué va la vida». Pero el Síndrome del Salvador y su malversa-
ción del significado del amor tiene su propia condena: cuanto
más cuidado necesita el propio dador, más obligado se siente a
dar. Cuanto menos caso le hacen más se enfada. Cuanto más los
menosprecia, más intenta cambiarlos. Mientras tanto, enfrascado
en este altruismo de postín, no siente lo que le pasa ni, por tanto,
lo que le verdaderamente podría ofrecerle satisfacción y tranquilidad. La confusión debida a esta lucha interna, fruto de unos
ideales que tampoco puede lograr, le corroen. La amargura es-
condida muchas veces tras un hilarante positivismo lo delata.

Todos estamos expuestos a caer en este mal porque todos, en
mayor o menor grado, hemos sido ayudados y pretendemos ayudar desde ahí. Por lo general nos cuesta saber cuando estamos
inmersos en estas dinámicas. Éste es un ejemplo: a Cristina le

molesta cuando la gente de su entorno, amigos y familiares, opinan sobre «lo que está haciendo mal» y «lo que debería hacer». Después acostumbra a sentirse impotente, incomprendida y hasta humillada. La rabia hacia ella misma llega a continuación: «¡Encima que lo hacen para ayudarme!», se dice sintiéndose culpable. Paradójicamente Cristina siempre busca apoyo en amistades y profesionales que emplean estos recursos enjuiciativos. Ella misma, de hecho, se descubre a menudo repitiendo una y otra vez esas mismas actitudes que tanto detesta en los demás.

Aunque queremos deshacernos de las muletillas y los consejos baratos, no tenemos más remedio que asumir que persisten porque en realidad apenas conocemos otros registros de ayuda. Para ayudar hay ciertos requisitos que pasamos por alto: ¿quiere el otro realmente mi ayuda? ¿Quiero, puedo y estoy ahora mismo en las condiciones adecuadas para atender su necesidad? ¿Estoy dispuesto a escuchar abiertamente y sin juzgar lo que exprese? ¿Puedo darle mi verdad?

Cuando necesitamos apoyo sobre temas afectivos y relacionales normalmente no sabemos con exactitud qué nos pasa. Estar con la dificultad de la persona es un paso previo e indispensable. En esta zona de confusión normalmente se encuentra la rabia, el odio, la angustia, la impotencia, la tristeza, la soledad, el miedo, el dolor. Estar con todo esto no es fácil ni para el que ayuda ni para el que desea ser ayudado. Es una situación delicada que requiere respeto, entereza, sinceridad y comprensión. Para poder empatizar hace falta proximidad, «dejarse entrar» al otro, ser «tocado». Una relación de tú a tú, de igual a igual, de persona a persona. Una sensibilidad que ofrezca condiciones adecuadas: un espacio, un tiempo, un ritmo y una manera de estar que se ajuste al necesitado. Todo esto nos sitúa ante un hecho tan crudo como insoslayable: ¿qué podemos ofrecer a nivel afectivo cuando apenas hemos recibido en este sentido?

Acercarse al dolor y la miseria humanos requiere sentir y asumir la propia miseria y el propio dolor. La tendencia habitual consiste en tapar apresuradamente las reacciones emocionales poniendo tierra por medio y derivándolo hacia una vertiente práctica y resolutiva. Es mucho más fácil juzgar o decir lo que se debe hacer que reconocer las propias limitaciones; dar cuatro recetas («a ti lo que te pasa es..., y lo que necesitas es...»), recomendar un libro, aplicar un par de técnicas o unos apuntes proféticos.

Cuando intentamos «solucionar» o extirpar el daño del otro es porque inconscientemente también nos aflige y no queremos sentirlo. En ocasiones, incluso, alguien está expresando su mal y lo interpretamos como algo horrible que debe ser atajado cuanto antes, proyectando sufrimiento donde hay liberación. Convertimos en «pobre desgraciado» aquel que nos asusta, aquel que simplemente altera nuestro precario orden interno. El desprecio encubierto de bondad es un arma muy peligrosa. Una daga sin dueño aparente que se hunde lentamente.

Escudarse en las «buenas intenciones» no es suficiente. ¿Desde dónde se nos apoya? ¿Cómo? ¿Por qué? Son preguntas que no llegamos siquiera a plantearnos por miedo a ser tildados de desagradecidos o egoístas. Tenemos derecho a rechazar la ayuda, de la misma manera que podemos negarnos a darla si no nos sale del corazón. Desvelar la ayuda engañosa es bueno para todos. Ahorra manipulaciones y sentimientos de culpa al necesitado, y libera de obligaciones y sobreesfuerzos estériles al que pretende ayudar.

Debemos remontarnos al pasado para comprender el origen de esta clase de comportamientos. Nuestros padres nos confundieron enormemente al hacernos creer que sus deseos de control eran «por nuestro bien». Eludiendo sus responsabilidades, nos transmitieron que el sufrimiento que sentíamos se debía a nuestra forma de ser, a la incapacidad para pensar, sentir y actuar correctamente; a nuestra «maldad» y egoísmo. Para encajar este planteamiento indigerible, tuvimos que construir un mundo de fantasías y conjeturas existenciales sobre el «bien» y el «mal», desde el que manipulamos y nos siguen manipulando.

Alternativas no alternativas

Como antiguo participante e instructor de «propuestas alternativas» dentro de la corriente llamada de «Crecimiento Personal», confieso sentirme desengañado. Los resultados obtenidos no superaron la prueba de calidad definitiva: las relaciones y la convivencia en el día a día. Sin duda he recogido y aprovechado ciertos aspectos filosóficos y prácticos, pero no puedo ni quiero evitar reconocer que todas esas propuestas descansaban sobre una falta de comprensión respecto al desarrollo madurativo humano. Parecemos olvidar que los mayores desperfectos se encuentran en lo relativo a la vinculación interpersonal. Intentar abordar los procesos de transformación desde el cambio de creencias y actitudes es empezar la casa por el tejado.

La línea que separa la búsqueda sincera de la huida de uno mismo es un umbral que traspasamos constante e inadvertidamente. Para evitar engañarnos con tanta facilidad creo interesante tener en cuenta algunas cuestiones fundamentales.

Exhortaciones al cambio

En general tenemos muy poca comprensión de las carencias que nos llevan a estar como estamos y a hacer lo que hacemos. Desconocemos el origen de nuestro sufrimiento y la potencia de los mecanismos de defensa. En los bienintencionados intentos «por cambiar», corremos el riesgo de sobredimensionar las capacidades reales a nuestro alcance y forzarnos a ser, pensar o actuar de una manera determinada. Desde una «fantasía efectista» donde los resultados priman por encima de la escucha y el respeto, es fácil apelar a la voluntad de cambio; pero las soluciones desde aquí son provisionales, y las problemáticas, de una forma u otra, vuelven a reeditarse.

Si se supone que puedo pero a la hora de la verdad no lo consigo, es habitual concluir que o «soy incapaz», o bien «tengo mala suerte». Desde estos planteamientos, cuando los conflictos reaparecen, resulta fácil y hasta inevitable caer en sentimientos de culpa e impotencia.

La falacia del «auto» desarrollo

Hay una fantasía a la que nos aferramos cuando el miedo y la desconfianza hacia las personas aflora: «La utopía de la autosuficiencia»; alcanzar una independencia total. No necesitar nunca más, nada de nadie. Es normal que nos resulten tan apetecibles conceptos y propuestas como: «la auto-consciencia», «el auto-conocimiento», «el crecimiento personal», «el desarrollo personal», etcétera. Tanto en el proceso como en el objetivo el énfasis está puesto en no depender de los demás, en no ser afectado por lo que los otros digan o hagan. Construir una especie de burbuja de «positividad invulnerable» desde donde «amar incondicional y unidireccionalmente». La felicidad y la evolución se sitúan en el logro de un estado de autocomplacencia. Aquellos temas que nos humanizan, la vinculación, los límites personales o las necesidades afectivas son metódicamente eludidos, con más o menos gracia.

La evolución sólo es posible desde el intercambio. Somos organismos preparados para estructuraciones cada vez más complejas y comprehensivas. En la fragilidad de la interdependencia reside precisamente nuestra fuerza. Afectamos y somos afectados. La evolución, por tanto, aunque se produzca en uno, no pasa sólo por uno.

Los ideales

A la hora de la verdad, una vez agotados los recursos del arsenal técnico, muchas propuestas dejan al descubierto su gran baza como motor de cambio: los ideales. Cuando las propias limitaciones y carencias siguen insatisfechas y los ideales sobre lo que deberíamos ser, sentir, pensar y hacer, ocupan cada vez más espacio, la sensación de incoherencia y tensión interna se acaban tornando insoportables.

Ofrecer consejos, idearios y directrices filosóficas sin implicarse no tiene nada de alternativo, es lo mismo que hacen aquellos que pretenden ayudarnos desde la distancia. Llamarlas «alternativas» emborrona la posibilidad de obtener algo verdaderamente nutritivo y diferente, algo que en muchos casos nadie nos ha ofrecido: un interés real por conocer quiénes somos. Una ayuda que se ajuste a lo que necesitamos y no a lo que el otro cree que necesitamos.

Tomar consciencia no es suficiente

Existen muchos planteamientos terapéuticos y filosóficos que aseguran que la transformación puede ser obrada únicamente a través de «tomar consciencia», del «darse cuenta». Una visión directa y desapegada de la propia problemática es sin lugar a dudas necesaria, aunque insuficiente por sí misma. Para reformar con profundidad las bases relacionales, hay que sentir el daño existente, expresarlo, comprenderlo y construir nuevas y satisfactorias formas de relación.

Figuras de poder

Los gurús y «maestros de la Verdad» recogen la admiración y devoción que en su momento profesamos hacia nuestro padre y nuestra madre. En ellos depositamos el poder y la esperanza de saciar la sed de comprensión, coherencia, seguridad y amor incondicional. Aparte de las cosas positivas que puedan aportar, la principal fuente de atracción hacia ellos reside en la «idealización». Se trata de una especie de enamoramiento desde el que proyectamos toda suerte de anhelos y deseos. Éstos, a su vez, imposibilitan el establecimiento de una relación de igual a igual, lo cual acaba acentuando la sensación de soledad, confusión y culpa de los acólitos. El vacío afectivo de fondo, permanece, en cualquiera de los casos, intacto.

Teorías inútiles

Si partimos de la base de que el mapa no puede definir el territorio, es decir, que todas las explicaciones sobre la existencia son siempre parciales y aproximadas, convendremos que su valor reside en su utilidad como herramientas de exploración. Las ideas permiten ampliar y reconsiderar la concepción sobre el ser humano y el universo. Ayudan a acercarse al insondable misterio de la vida y descubrir posibilidades hasta el momento no concebidas.

Existen multitud de teorías sugerentes e interesantes que son, sin embargo, meros pasatiempos si nos atenemos a su aplicación concreta. Explicaciones fantásticas, simplistas, conspiranoicas, innecesariamente complicadas, reduccionistas e incomprobables. Sea como sea, inútiles respecto a la satisfacción de las necesidades esenciales.

Cuando una teoría se utiliza como excusa para huir de uno mismo, estamos ante un ejercicio racional de irresponsabilidad. Todos tenemos derecho a evadirnos y parapetarnos, pero cuando nos extralimitamos haciendo proselitismo de estas ideas, para autoconvencernos y convencer a los demás, incurrimos en la imposición y la manipulación.

Panaceas y remedios milagrosos

Un tratamiento es sintomático cuando centra sus esfuerzos en el cambio de los aspectos manifiestos y superficiales de los conflictos. Estos abordajes acostumbran a ser muy útiles para dar alivio y sosiego momentáneos. Hay otra categoría de planteamientos terapéuticos (muy pocos, por cierto) cuyo acento no está puesto en cambiar las formas externas, sino en ayudar a la persona a sentirse, a descubrir su manera de ser, a encontrar nuevas formas de relación consigo misma y con los demás. En el campo de las terapias alternativas y el Crecimiento Personal, debido a las frecuentes extralimitaciones, se tienden a confundir estos dos tipos de abordajes. Cabe aclarar por poner un ejemplo, el mal uso de calificativos como «holístico», para tratamientos que están claramente orientados a la eliminación de los síntomas.

Cuando los conflictos de fondo salen a flote, son pocos los profesionales realmente capacitados para dar un verdadero espacio de comprensión y acompañamiento, así como una debida contención de las emociones, que a menudo surgen con fuerza y repletas de aparentes contradicciones.

Los límites del deseo y el poder de la mente

Las corrientes psicológicas «efectistas» acostumbran a tener mucho éxito en nuestra sociedad. De manera cíclica aparecen propuestas que hacen hincapié en el milagroso poder de la voluntad, la mente, las creencias y el pensamiento; las mismas herramientas que apuntalan, de hecho, las religiones y en general todos los planteamientos supersticiosos. Deseos, peticiones, promesas, sortilegios, invocaciones, conjuros, ruegos, súplicas, proclamas, desideratas... El pensamiento «recto» o «moral» que antes servía para ganarse los favores de Dios, ahora se refina y tecnifica promocionándolo como pensamiento «positivo».

Sin lugar a dudas es importante reconocer y tomar consciencia del poder creativo. Una comprensión de este tema es fundamental para emanciparse de las limitaciones impuestas al potencial humano por parte del caciquismo religioso y la obtusa ciencia mecanicista. El problema surge al afirmar que tomar control sobre dicho poder generará un cambio interior, confundiendo así una «capacidad» con un «estado». Desde este punto de vista, la forma de exponer estas teorías me parece superficial y engañosa.

La atracción y la euforia que despierta la fantasía de obtener «felicidad» tomando decisiones voluntarias «correctas» vuelven a ser una huida para no plantearse qué nos pasa y cuáles son nuestras verdaderas necesidades. Una megalómana e ilusionante manera de evadirse de la realidad.

En esta confusión entre las formas y los estados, los deseos van y vienen, y nosotros... los seguimos; atareados, desesperados, saturados por unos «yoes» desconcertados y ciegos que se creen capaces de decir qué es lo que más nos conviene. Aferrarnos al espejismo de diseñar nuestra vida a través de un acto de control nos aleja del verdadero poder: sentir y pensar en consonancia.

Espiritualidad sin arraigo

Las experiencias transpersonales, aquellas que nos muestran dimensiones que transcienden la forma física y nos hablan de una realidad ulterior eterna y unificadora, son vivencias valiosas cuando podemos integrarlas en nuestro día a día. Intentar «elevarnos» sin tener unas buenas bases materiales y afectivas resueltas suele conducir al desvarío y la omnipotencia.

Depositar la «salvación» en una iluminación por llegar, nos mantiene en un estado de espera ansiosa que nos separa de lo inmediato. ¿Dónde está la aceptación y la comprensión en todo esto, cuando tenemos la fuerza puesta en ser alguien que no somos?

Conocerse y unificarse con la esencia del universo no puede pasar por proyectarse fuera de uno mismo; eso es un ejercicio mental. Profundizar es entrar en lo que tenemos y somos. La materia, el cuerpo, las emociones, los pensamientos, los sentimientos, los sentidos. Somos parte de la vida, somos el crisol en el que todo se halla reflejado. No estamos solos, pertenecemos a una familia, a una especie, a un planeta.

El mal que todos compartimos radica en la dificultad para amar. Para acceder a un estadio de mayor armonía personal y colectiva hemos de subsanar antes los atentados cometidos contra el corazón, y eso requiere la presencia de vínculos afectivos, fuertes, estables y comprometidos. Pretender vincularse a la vida sin abrir espacios para estar con la dificultad, la desconfianza, el miedo, la rabia, el odio o el desprecio que albergamos es, sencillamente, absurdo.

Una propuesta es «alternativa» cuando sus planteamientos difieren sustancialmente de los imperantes. Todos estos mecanismos supuestamente innovadores que acabo de describir se engranan en el mismo legado-directriz de nuestros progenitores: ajustarse a unos ideales impuestos. ¡Espabilarse, enterarse, cambiar! Repetimos sin darnos cuenta el irresoluble drama de unos padres emocionalmente inaccesibles, que intentaron cambiarnos para que fuéramos «buenos» y dignos de su amor. Desde su ignorancia intentaron ayudarnos tratándonos con una mezcla de miedo y prepotencia. Buscaron remedios milagrosos y soluciones que no los implicaran directamente. De una manera u otra, todos seguimos deseando encontrar esos «atajos», para no tener que sentir conscientemente el daño que acarreamos. Conviene saber, sin embargo, que en este caso los atajos son los caminos más largos.

En mi libro «Crecimiento Interpersonal – *Más allá del Crecimiento Personal*», profundizo con más detalle en todas estas confusiones, extralimitaciones e incoherencias imperantes dentro del ámbito de la psicología.

¿Pacientes?

Quiero escribir un apartado dedicado a mis pacientes, y a todos aquellos que pedimos un tipo de ayuda terapéutica que nos aproxima no a quien querríamos ser sino a quienes somos.

Para empezar me gustaría aclarar que la palabra «paciente» no me parece adecuada y que intento evitarla, pues suele estar ligada a planteamientos de trabajo jerárquicos, donde «el especialista» sabe qué le pasa al otro y qué es lo que éste debe hacer para estar mejor. El término paciente remite desde aquí a una actitud pasiva; estar a la espera. Desde mi punto de vista y siendo fidedigno con el uso de los términos, a mis «pacientes» habría que llamarlos «facientes» (de *facer*, «hacer»), en tanto que son ellos quienes lle-

161

van el peso y el ritmo del proceso, mientras que yo soy quien les asiste.

En la práctica, la mayoría de las veces empleo el término «cliente». Ahí no tengo duda, yo hago mi trabajo y ellos me retribuyen por ello. Pero he de confesar que poner el énfasis en el aspecto mercantil tampoco me satisface. Sea como sea, aún no he encontrado una palabra adecuada; si alguien tiene alguna propuesta puede hacérmela llegar, se lo agradeceré.

Como decía en la introducción del libro, siento un profundo respeto por la gente que deposita su confianza en mí. Cuesta pedir ayuda y aún más acudir a un psicoterapeuta. Los daños acumulados durante nuestra infancia y en los subsiguientes dramas relacionales hacen mella en este sentido. Hay a este respecto, un hecho crudo pero revelador que se repite invariablemente en los procesos terapéuticos profundos. En el momento que las heridas por las agresiones y la falta de amor solicitan ser liberadas, aparece una acérrima desconfianza en la que creemos que «nadie puede ayudarnos». Esta clase de certeza ungida en la soledad y la desesperación, surge de una realidad pasada en el que nadie nos ofreció lo que necesitábamos; una zona de inanición y desencuentro de la que por lo general, pretendemos deshacernos por la vía rápida y por los propios medios. Pero el dolor ungido en las relaciones humanas sólo puede liberarse cuando se entrega de forma consciente y voluntaria, y cuando hay alguien ahí, escuchándonos, acogiéndonos y apoyándonos. Así es como el veneno guardado dentro puede empezar a circular y reciclarse. Por un lado se expulsa el mal, por otro llegan cosas buenas que apuntan hacia la vida, como la empatía, el respeto, la sensibilidad, la humanidad.

Como adultos aspiramos a no tener que depender ni necesitar nada de los demás. Creemos que hemos de hacerlo todo por nosotros mismos, pero esta creencia es inhumana y parte del miedo a volver a sentirse y sentir a las personas.

Comprometerse en un proceso de esta naturaleza no es sencillo, aunque tampoco lo es, todo sea dicho, vivir embargado por la inconsciencia y el sufrimiento. Atreverse a mirar lo que ocultamos requiere valentía. Hay que tener valor para apostar por uno mismo.

Como Prometeo en su viaje al infierno en busca del fuego, nosotros vamos hacia lugares de los que tuvimos que huir para recuperar la fuerza, la luz y la consciencia. Y como Prometeo, que después fue castigado por Zeus por ofrendar su trofeo a los humanos, nosotros también tenemos que ir en muchas ocasiones a contracorriente de los valores que nos rigen como sociedad.

El objetivo en esta línea de psicoterapia no está puesto en lograr un ideal de perfección, sino en estar con lo que uno es. Intentar ser honesto, sincero y coherente con la verdad personal. Tratar de expresar lo que uno siente y cómo lo siente. Desgraciadamente esto no siempre es bienvenido. En innumerables ocasiones he sido testigo de cómo, cuando «el paciente» deja de actuar de manera confluyente y sumisa, y empieza a mostrar lo que le pasa, incluso las personas cercanas la cuestionan y denigran con vehemencia, a él, a su proceso terapéutico y hasta a su terapeuta. «¡Dura demasiado tiempo!» «¡Te has vuelto dependiente!» «¡En vez de estar mejor estás peor!»... Juicios y ataques con nulo interés por el delicado y artesanal trabajo de transformación que está realizando. La sinceridad no cotiza en este mar de represión vestida de libertad. Mostrarse abiertamente, para lo bueno y para lo malo, altera el endeble orden de la mayoría.

Ojalá no necesitáramos la psicoterapia porque eso significaría que hemos sido debidamente cuidados, que nos sentimos y que tenemos claro donde queremos estar y cómo queremos vivir. De momento y por desgracia esto no es así. Recorrer este camino de transformación supone esfuerzo, tiempo y dinero. Es un trabajo interno no remunerado y poco reconocido, pero el compromiso con esta clase de trabajo es un compromiso con la vida. Una aportación silenciosa y discreta que fortalece los pilares de la humanidad.

CUESTIONES SOCIALES

La estupidez humana

El término estupidez se refiere a una torpeza notable para comprender las cosas. Se dice también que el estúpido es el necio falto de inteligencia. Inteligencia, a su vez, proviene del latín intelligentia. Ésta se compone de intus, que significa «entre» y de legire, que significa «escoger» (elegir), y sería, por tanto, la capacidad para saber discriminar y elegir entre diferentes opciones. Podemos tener facilidades para cierto género de operaciones mentales: razonamientos asociativos, deductivos, lógicos, matemáticos..., ser ingeniosos en nuestras ironías y sarcasmos, críticos y observadores, incluso buenos comunicadores, pero siendo justos con la aplicación del término, hemos de reconocer que la mayoría de las veces nos comportamos estúpidamente.

Pablo tiene dotes para el razonamiento abstracto y sincrético. En la universidad obtuvo algo más de diez matrículas de honor y le interesa la psicología y las ciencias en general. Sin embargo, cuando se encuentra secuestrado por ciertos estados emocionales tiene comportamientos «cortos de entendimiento», como perder sus gafas y enfadarse, hasta que las encuentra sobre su cabeza, o saber que le sienta mal cenar comidas pesadas, pero insistir con unos canalones de primero y pollo de segundo, para llegar a la conclusión, a las tres de la mañana, que su metabolismo no ha cambiado «milagrosamente». Aunque lo peor es sin duda, cuando traspasa la autoagresión y hace daño a los de su entorno, lanzando comentarios que sabe que les harán reaccionar negativamente. Los seres humanos poseemos una gran destreza para lograr objetivos muy específicos mediante el correcto uso del conocimiento. Como animales gregarios con altas dotes para el aprendizaje, tenemos facultades que nos capacitan para orientarnos en el entorno físico y social y crear comunidades basadas en el respeto, la igualdad y la libertad. Supongo que huelga decir, que sobre el terreno, aún estamos lejos de la plasmación de dichos potenciales. Caemos en los mismos errores una y otra vez, nos hacemos daño, y se lo hacemos a la gente de nuestro alrededor.

Llevamos siglos atentando contra el don del intelecto. La muestra más clara y devastadora es la falta de confianza y respeto hacia las capacidades mentales de nuestros hijos. Los niños necesitan condiciones adecuadas y una presencia adulta que les permita disponer de apoyo cuando movilizan espontáneamente sus recursos y procesos de aprendizaje. Contrariamente, los forzamos a atender y concentrarse en cuestiones, en la mayoría de ocasiones, absolutamente irrelevantes para ellos. Intentamos acelerar y controlar sus procesos madurativos, y para reafirmarnos en el control, estamos dispuestos a contratar a gente o leer libros que refuercen ese afán manipulador. Los preparamos para ser cultos y capaces de rendir, pero los anestesiamos de su mundo de sensaciones y sentimientos, de lo que configura precisamente, la base de una futura inteligencia sólida, coherente y sana.

Aparte de los daños recibidos en la manera de educar, hay otro aspecto importante a tener en cuenta: la verdadera inteligencia es incompatible con el autoengaño. Como personas y como sociedad nos hemos construido defensivamente. Este acorazamiento evita sentir de forma directa el daño que llevamos dentro, a costa de mantenernos confusos y desconectados. Vivimos atareados en la construcción del dique que contiene nuestras necesidades afectivas. Los esfuerzos mentales están dirigidos a no ver ni escuchar, a negar todo aquello que pueda hacer resurgir las heridas del pasado. Si la inteligencia funcionase correctamente todo esto quedaría al descubierto, siendo difícil convivir sintiendo tanto dolor y tan poco consuelo. Dado que esta clase de estupidez mantiene y surge de un estado de inconsciencia, no es de extrañar el porqué de tantas decisiones irracionales.

A menudo utilizamos la intensidad de las vivencias emocionales como índice para justificar determinadas conclusiones. En otras ocasiones trasladamos las explicaciones de lo que nos pasa a cosas que poco o nada tienen que ver con lo que está ocurriendo. Nos pasamos el día, la vida, inmersos en un circuito cerrado de inculpaciones y exculpaciones. La irresponsabilidad es el motor, y la locura, sólo una cuestión de grados.

No sabemos desde dónde ni por qué hacemos las cosas y, por supuesto, tampoco nos responsabilizamos de las consecuencias y los resultados de las mismas. Sin inteligencia no es posible ser responsable y sin responsabilidad tampoco es posible ser inteligente.

Somos animales con un severo trastorno de hiperactividad mental. Intentamos encontrar una conclusión para entender por qué sufrimos. Inventamos religiones, filosofías, ideologías, teorías, juicios, excusas, programas políticos; inventamos enemigos, ampliamos la lista de los malos y los terroristas; los aglutinamos por categorías, grupos y subgrupos; por colores, por sus inclinaciones sexuales..., intentamos ubicarnos. Descubrir de una vez por todas qué es la existencia y qué lugar ocupamos en ella. Pero, de repente, todo se vuelve inestable. Una mosca, un cambio en la dirección del viento, el comentario de alguien, algo inesperado, y el montaje mental vuelve a desmoronarse como un castillo de naipes. Lo intentamos de nuevo poniendo más cemento en las ideas, más vigas, más puntales, más dureza en las palabras. Pero cuanto más duro, más frágil. Antes de volvernos locos o suicidarnos, aún nos quedan opciones: enfermar o simple y directamente volvernos dementes, es decir, no saber ni querer sentir nada que tenga que ver con la realidad.

No desdeñemos sin embargo, la capacidad de adaptación del ser humano, ni el bagaje filogenético acumulado de los millones de años que nos alumbran. Sería inteligente ponérnoslo fácil, hacer lo que sí podemos hacer y no malgastar el tiempo en lo que está más allá de nuestro alcance. Limpiar la maleza interna y dejar más espacio para la escucha, el respeto y la autenticidad.

Podremos llegar a conclusiones muy razonables, pero serán estériles si no dan respuestas efectivas a las cuestiones esenciales. Para no aumentar la entropía del sin-sentido, la inteligencia debe nutrirse de cosas realmente importantes, cosas que «nos afecten» personal y directamente. Entendemos el conocimiento como otro objeto de consumo. Algo que puede aprehenderse, tomarse, pero el conocimiento es algo vivo. Todo fluye, todo cambia. La inteligencia nos ayuda a orientarnos, identificar y decidir la mejor opción. El conocimiento es la percepción viva y misteriosa del aquí y ahora en el eterno big bang de la creación.

El consumismo como sustituto afectivo

Estamos biológicamente constituidos para amar. Lamentablemente esta necesidad esencial se ha desfigurado hasta ser reconvertida en el motor que mantiene la sociedad de consumo. La mayoría de los productos se presentan como sustitutos de necesidades afectivas; bien como objetos de autocomplacencia, bien como reclamos para atraer la atención ajena. Nosotros colaboramos en esta farsa porque, mal que nos pese, es más fácil seguir tirando del melodrama del «amor imposible», la «utopía de autosuficiencia» y la panacea del «objeto milagroso», que iniciar un camino de resultado incierto hacia otras formas de relación.

Nos movemos de forma ansiosa, envueltos en ilusiones y promesas de satisfacción. La ansiedad es el estado en el que esperamos desesperadamente la llegada de algo nuevo que sacie y transforme nuestra vida. En este mar de excitación, de subidas y bajadas, de ilusiones y decepciones, la posibilidad de tomar consciencia de las carencias queda lejos. La dificultad para percibir y sentir con claridad las verdaderas necesidades nos aboca a buscar soluciones en las nuevas ofertas de servicios y consumibles; ahora más globalizadas, baratas y accesibles que nunca.

Para la desorientación un GPS; para la incapacidad de sentir el deseo sexual, viagra; para provocar la atracción de los hombres, implantes de silicona; para notar más potencia entre las piernas, una Kawasaky de mil doscientos centímetros cúbicos; Botox para el miedo a la vejez; para sentir que tenemos tiempo, un Rolex; un todoterreno para la libertad de movimiento; para conseguir una sensación de espacio interno, una casa enorme; para sentir la espiritualidad, libros de autoayuda, técnicas importadas y cursos de metafísica a distancia; un televisor de plasma de cincuenta pulgadas para ver la realidad con claridad; Prozac y Trankimazin para la calma y la paz interior; para sentirse parte de un todo mayor, hacerse socio de un club de fútbol; un tinte nuevo para cambiar la manera de pensar; para sentir la autosuficiencia, una cuenta de ahorro; para la ilusión de nuevas y emocionantes experiencias, televisión por cable; para sentirse cerca de los demás, cualquiera de las muchas revistas y programas de televisión que se dedican a difamar y airear las miserias de los otros; para la culpa, la dieta de la alcachofa; ADSL de veinte megas y un móvil de última generación para las dificultades de comunicación; para encontrar espacios de soledad, el nuevo gadget de Apple, ese que permite escuchar treinta horas ininterrumpidas de música. Para sentir la ilusión que algo nuevo y grande es posible, la nueva temporada de El Corte Inglés; para ser feliz, el gordo de Navidad.

Aceptamos sin objeciones el constante y deliberado engaño de la publicidad, como si hubiésemos perdido el respeto por la veracidad en la información. Esta gran mentira compleja, organizada y funcional en la que poco a poco implicamos también a los hijos, reduce la experiencia humana a algo insípido y miserable. Creamos intereses a los que después nos encadenamos; tapamos decepciones con nuevas ilusiones, hasta que la edad, la falta de energía o nuestra función resulta inútil en el engranaje del sistema. Sólo en ese momento parecemos darnos cuenta del vacío en el que hemos estado inmersos.

Encontrar un tipo de consumo que no nos consuma significa estar dispuestos a identificar las verdaderas necesidades, aquellas que cuando son atendidas sacian y permiten sentirse y sentir mejor a los demás.

¿Políticas de bienestar?

Vivimos en países diseñados por ignorantes que fomentan, ignorantemente, la ignorancia. Los intereses creados ocupan el espacio de las verdaderas necesidades y ha llegado un punto en que hasta las supuestas «corrientes alternativas» sucumben sin reparos a las exigencias del mercado.

Originalmente en las democracias se escogía a los ciudadanos más capaces para tomar las decisiones de interés general. En la actualidad escogemos a los «menos malos». Los partidos políticos han sustituido la entereza y la valía de personas concretas y confiables, por efectismos mediáticos e ideologías demasiado alejadas de las prioridades humanas. Los ciudadanos apenas conocemos unas cuantas caras y cotilleos de sus representantes, pero no sabemos nada de sus méritos y valores humanos, ni de sus capacidades para llevar a cabo tan delicada tarea. Por supuesto siempre hay excepciones, pero las escenas dantescas de los diputados berreando y faltándose el respeto en las bancadas del parlamento son imágenes que dejan de manifiesto la falta de seriedad en la tarea que desempeñan.

No pretendo entrar en la clásica y facilona queja hacia los políticos que nosotros legitimamos en cada elección. Es evidente que ellos son tan estúpidos como podemos serlo el resto. Lo importante, creo, es poder hacer una reflexión sobre el tema que ayude a entender y asumir nuestras responsabilidades al respecto.

¿Por qué permitimos los mamoneos, las corrupciones, los engaños y las ineptitudes de los estamentos dirigentes? Aunque nos quejemos de ellos, como corderos acatamos lo que sucede sin mayores resistencias. El motivo estriba en que aquellos que tenían el poder y la responsabilidad sobre nosotros, me refiero a nuestros padres, fueron también unos incompetentes, y sin lugar a dudas, este precedente ha marcado «jurisprudencia» en la permisividad actual. Si nuestros padres nos hubiesen dado el tiempo y las condiciones adecuadas para cuestionarlos, si hubieran escuchado y respondido con franqueza a dudas e inconformidades, tendríamos una referencia desde la cual plantar cara a tanta pantomima y caradura. El poder se ejerce a través de la cercanía, de las capacidades y los hechos.

El poder se adquiere tomando decisiones que dignifican y buscan el bien colectivo. Asumimos y damos por hecho que los políticos son egoístas, igual que tuvimos que soportar, esta vez sin ruido ni complicidad, el egoísmo (por carencia e inconsciencia) de nuestros padres. Ellos tampoco ejercieron correctamente la autoridad.

De las consecuencias que comporta estar gobernados por esta clase de representaciones, destacaría la ausencia de visión profunda de los conflictos y el fomento de la irresponsabilidad. Detallaré: en sanidad, por ejemplo, uno de los mayores gastos farmacéuticos se realiza en psicofármacos y analgésicos para problemáticas que podrían y deberían, en la mayoría de casos, tratarse desde una atención psicológica y psicosomática. Cabe entonces preguntarse por qué siendo los conflictos mentales y emocionales los grandes males a abordar, los servicios de atención psicológica pública, si es que llegan a asignarse, son ridículos. ¿Cómo se pretende ayudar a una persona dándole media hora, una vez al mes, con un psicólogo que trabaja en unas condiciones y un marco terapéutico que atentan contra toda posibilidad de establecer un vínculo de confianza e intimidad? Esos miles de millones en gasto sanitario son pan para hoy y hambre para mañana. La medicación en esta clase de problemáticas no arregla, sólo posterga. ¿Dónde está la inversión en prevención? ¿Qué se hace al respecto?

173

Las personas que nos cuidamos avanzándonos a los problemas, los que nos comprometemos poniendo energía, tiempo y dinero para prevenir crisis y enfermedades, no recibimos ningún apoyo. ¿Por qué no se respalda y se reconoce también con gestos y medidas concretas a las personas que ayudamos en esta labor? Los factores psíquicos y emocionales ligados a las dolencias son eludidos, y ésta es la principal causa por la que las campañas de concienciación y prevención resultan tan frecuentemente superficiales e ineficaces. Los miembros de esta sociedad sabemos, por ejemplo, que es posible pasarse la vida fumando, bebiendo alcohol o excediéndose con cualquier otra cosa y que, finalmente..., habrá un médico o una operación que pueda cortar y coser. Las mujeres van integrando que si tienen complejos pueden taparse los ojos y aumentarse los pechos, rellenarse los labios o estirarse la piel. Mientras tanto, el Estado y la medicina consienten y colaboran en esta clase de agresiones innecesarias al organismo. ¿Quién se interesa de verdad en el porqué de esas decisiones? ¿Quién asumirá la responsabilidad de las futuras consecuencias de todos estos experimentos «estéticos»?

Hay poca profundidad en la comprensión del sufrimiento humano y demasiados intereses económicos. Es tanta la irresponsabilidad que hemos padecido desde la infancia, tantas las excusas de los adultos para no ver ni asumir sus implicaciones en nuestros malestares anímicos y físicos, que alterar cualquier pieza del sistema dejaría al descubierto un desasosiego imposible de tapar con todas las medicinas de que disponemos.

Respecto a las medidas sobre derechos y protección de la mujer y la infancia, permisos de maternidad y paternidad o educación, la superficialidad en el abordaje vuelve a ser la misma. Se endurecen las penas al maltratador, aumentan los centros de acogida, se da más información por los medios de comunicación, pero escasean las investigaciones y las informaciones claras sobre las raíces del maltrato.

Los permisos de maternidad y paternidad son absolutamente insuficientes y no atienden para nada, a lo que necesita una criatura para vincularse debidamente. Para solucionar el tema de la ahora llamada «conciliación laboral», se subvenciona la creación de más aparcamientos para niños, también llamadas guarderías, y se proyectan propuestas para aumentar la obligatoriedad de la escolarización a partir de los tres años, sin ofrecer alternativas, fomento, ni ayudas consistentes para los que apostamos por otras formas de educación. Las medidas políticas de bienestar social están años luz de aportar soluciones que humanicen la sociedad y doten de una buena base para una futura comunidad sana.

Gobiernos y estructuras familiares se retroalimentan y legitiman. Desvelar los fallos de uno supone poner al descubierto las miserias del otro. En ambos casos las escleróticas jerarquías ponen de manifiesto la falta de cooperación y de comunicación con respecto a las cosas que de verdad importan.

¿Ecología o ficción?

Ahora que está tan de moda exhortarnos entre nosotros a ser más ecológicos y a practicar la sostenibilidad, creo que vale la pena reflexionar un poco sobre estos términos y ver hasta qué punto estamos capacitados para ello.

Según la definición tradicional, justicia, fortaleza, templanza y prudencia son las cuatro virtudes básicas de cuyos principios derivan el resto. Cualidades todas ellas, dicen, dignifican al ser humano aproximándolo a su naturaleza más elevada. Si lo analizamos con detenimiento, convendremos que la presencia de estos cuatro principios es indispensable para ser ecológicos y para actuar de forma sostenible.

A los filósofos griegos les interesaba el conocimiento de los límites entre las capacidades de los humanos y los dioses. En sus mitos advertían que creerse capaz de hacer más de lo que estaba al alcance de la propia naturaleza, podía condenar a vagar desarraigados y sin rumbo en un ostracismo más allá del tiempo y el espacio. Actualmente idolatramos el poder de la mente y la voluntad, pero sólo hay que ver el como está el panorama para darse cuenta de que algo falla.

Nos gusta pensar que «si queremos, podemos» y nos cuesta aceptar que normalmente «no podemos por mucho que queramos». Contrastando con este ideal de omnipotencia, nos encontramos con lo siguiente: «Si queremos y no podemos» caemos en la impotencia. «Si podemos y no queremos», en la culpa. Mientras tanto, todo sigue igual..., o peor.

Aunque es cierto que tenemos enormes potencialidades, también lo es que tenemos muchas carencias, limitaciones y graves contradicciones psíquicas y emocionales que nos impiden ser, en este caso, ecológicos. No darse o no querer darse cuenta de esto nos condena al autoengaño.

Según el diccionario, la ecología, a parte de la defensa y protección del medio ambiente, es la ciencia que estudia las relaciones de los seres vivos entre sí y con su entorno. Comprende, así mismo, la parte de la sociología que estudia la relación entre los grupos humanos y su ambiente, tanto físico como social. La ecología en su pleno sentido pues, engloba también el conjunto de las relaciones humanas. Contempla toda la red de conexiones que nos une y comunica con la vida.

Los temas ecológicos están en boga, pero ¿estamos verdaderamente interesados en conocer cómo nos relacionamos? ¿Cuál es la tónica que gobierna las relaciones familiares, de pareja, de amistad, en el trabajo? ¿Qué lugar ocupa el compromiso y la escucha entre nosotros? ¿Nos sentimos protegidos y respaldados por nuestro entorno social? ¿Cómo afectan los miedos y bloqueos a nuestra capacidad para ayudar?

A menudo intentamos comprometernos con causas ambientales pasando por alto que lo que nos sucede con el entorno relacional más inmediato también forma parte de la ecología. Queremos cuidar el planeta, pero no nos cuidamos. Nos maltratamos con adicciones y excesos físicos, mentales y emocionales. Maltratarse y ser «sostenible» con el medio ambiente es incompatible. Formamos parte del medio.

El exceso parece haberse convertido en un estilo de vida. Tabaco, alcohol, comida, televisión, internet; embarcarse una y otra vez en relaciones y emociones tóxicas, viviendo en constante estado de conflicto. Todos éstos son claros ejemplos de un camino de autodestrucción. ¿Cómo puede proteger el ecosistema aquel que no sabe cuidarse? Honestamente: ¿cómo puede importarnos el planeta si no nos importamos a nosotros mismos?

Si queremos abordar el tema de la ecología en profundidad tenemos que encarar sin remilgos el fenómeno de la autodestrucción, comprender sus orígenes y determinar las responsabilidades colectivas y personales.

Desde bien pequeños reconvertimos las agresiones de las personas que nos rodeaban en autoagresiones. El motivo: psíquicamente, es menos desestructurante culparse y castigarse, que vivir en un constante estado de inseguridad y miedo a la agresión hacia las figuras con las que hemos de vincularnos. Con la autodestrucción revivimos ese perverso registro que hemos asociado a la vida. El ser humano es el único animal que se hace daño a sí mismo, y lo hacemos sin descanso.

La sostenibilidad es otra cualidad a la que aspiramos. Sostenible: dicho de un proceso que puede mantenerse por sí mismo. Sostener, mantener firme algo. Sustentar o defender una proposición. Prestar apoyo, dar aliento o auxilio. Dar a alguien lo necesario para su manutención. ¿Podemos sostener nuestros principios y decisiones? ¿Podemos sostener lo que sentimos? ¿Quién nos sostuvo a nosotros? ¿Recibimos de nuestros padres las respuestas, la constancia y el respeto suficiente en sus apoyos? ¿Podemos dejarnos ir en los brazos de alguien cuando lo necesitamos? ¿Nos dejamos consolar?

La palabra «eco» proviene del griego y significa casa, morada o ámbito vital. Otra de sus acepciones refiere a una cosa que está notablemente influida por un antecedente o que procede de él. A nivel simbólico, aquello que llamamos «yo» es nuestra casa, el espacio vital. ¿Sentimos nuestro espacio interno? ¿Cómo y qué experimentamos al intentar estar en contacto con nosotros mismos? ¿Qué hacemos para ayudarnos a percibir nuestra presencia aquí y ahora? ¿Le damos al pasado el espacio suficiente para poder comprender lo que nos pasa en el presente? ¿Qué relación tenemos con los «ecos» del pasado? ¿Los utilizamos, los sufrimos, los negamos?

Hace algún tiempo empezó a apostarse por los nuevos y lucrativos biocombustibles como una medida que había de ayudar a reducir el efecto invernadero. Actualmente tenemos un grave problema por el fatal encarecimiento de muchos alimentos de primera necesidad (especialmente para la gente de los países subdesarrollados), así como por la devastadora quema y tala de bosques que se está realizando para esta clase de cultivos. Ha sido peor el remedio que la enfermedad.

No podemos pretender ir muy lejos sin tener en cuenta los bloqueos que nos sujetan. Hay demasiados factores en juego que no vemos, ni queremos ver, para poder llegar a ser verdaderamente ecológicos.

Nuestra relación con el planeta está rota. La escalada explotacionista no deja lugar a dudas. Queremos amar la Tierra, pero somos incapaces de acercarnos a ella respetuosamente. Nos hemos perdido en el camino del exceso. Los procesos de autodestrucción han traspasado el ámbito personal y social y amenazan con una transformación planetaria de proporciones inquietantes. Nos hallamos frente a cruciales retos medioambientales. A parte del cambio climático, existen muchos otros, la gestión de la superpoblación es uno de ellos: se calcula un incremento de entre tres mil y cuatro mil millones para mediados de siglo. La acumulación de tóxicos en la cadena alimentaria: más del ochenta y cinco por ciento de la población tiene el insecticida DDT y otros contaminantes persistentes en la sangre. La demanda energética y de consumo de los países emergentes: se pronostica que en las próximas tres o cuatro décadas el parque automovilístico pasará de los ochocientos millones de vehículos actuales, a cerca de mil seiscientos millones. La administración del agua potable: aumentan año tras año los ríos que carecen de caudal al llegar a su desembocadura. El consumo excesivo de comida asociado a la riqueza y el desarrollo, especialmente de carne y pescado, agota caladeros y tierras de cultivo: más del cuarenta por ciento de los cereales del mundo y más de la tercera parte de la pesca se emplean en alimentar el ganado de los países del norte. Para suplir la degradación de las tierras y aumentar la producción, se realizan talas masivas de masa forestal y selvática en una suicida huida hacia adelante consentida por los gobiernos. Está claro que hemos de tomar medidas concretas, eficaces y conjuntas, y que nuestra respuesta no debe hacerse esperar.

Conviene tener presente que los hombres «modernos» estamos enfermos. ¿Cómo enseñar a un doliente del alma desarraigado de sí mismo, cosas para las cuales está indispuesto? Para limpiar la relación con el planeta hace falta una cura del corazón. O tal vez las dos cosas a la vez... ¿Acaso pueden separarse?

No sabemos relacionarnos con la naturaleza de manera inocente y placentera. Nos cuesta guiarnos por la intuición. Los sentidos parecen desconocer el modo de posarse en lo inmediato. Están retraídos y embotados. Por otro lado, y para compensarlo, nos deleitamos inventando sensaciones y capacidades extrasensoriales únicas. Así, poco a poco, la experiencia va quedando reducida a fugaces sentimientos de anhelo al ver paisajes naturales en la televisión, y a un edulcorado diálogo interno mientras estamos ante algo que se supone debería impresionarnos. «¡Oh, qué puesta de sol tan bonita!», «¡Qué árboles tan grandes!», «¡Qué caballo más hermoso!»..., nos decimos mientras tecleamos abstraídos un mensaje de texto.

La vivencia de la ecología está ligada a un estado de consciencia que permite sentirse en paz y percibirse con justeza dentro del medio social y ambiental en el que se vive. Los actuales esfuerzos ecologistas son importantes, pero parciales. Necesitamos incorporar una nueva comprensión y un activismo donde los que nos sintamos implicados tengamos más en cuenta el cuidado de las relaciones. Menos mediático, menos pretencioso, pero más sólido y efectivo, a corto y a largo plazo.

Creaciones originales

Originalidad es hacer las cosas desde el origen. Si entendemos el origen como la esencia que nos une directamente con la vida, convendremos que el «creador original» es aquel que se expresa con autenticidad; aquel que muestra su verdad dejando traslucir sus valores y principios. El arte desde este punto de vista, aunque se exprese a través de las características propias de cada personalidad (cuyo significado en griego es máscara), tiene su origen y su destino en el ser. El arte evoca aspectos humanos profundos, ofreciendo semillas y vislumbres de un orden mayor; una comprensión y una sensibilidad más amplia y luminosa de la existencia, que fomenta la belleza y la inspiración.

Pero todo esto que sobre la teoría es claro y deseable, ¿dónde está en nuestro día a día?

Supongo que no soy el único que tiene la sensación de que las creaciones artísticas que nos llegan por los medios de difusión habituales son anodinas, repetitivas y hasta insultantes. Es como si lo comercial hubiese embadurnado y escondido tras de sí el sentido y la función del arte.

En la búsqueda de abrirnos un hueco comercial, los aspirantes confundimos la originalidad con hacer cosas diferentes y sorprendentes. Provocar, impactar y generar reacciones emocionales

182

intensas. Paradójicamente, el arte actual parece una especie de somnífero. El mundo cultural parece un gueto controlado por un grupo de especuladores sin profundidad; reyes de una modorra vestida de supernovedad. Parecemos estar inmersos en un reto: ¿cómo obtener reconocimiento social y éxito sin talento, compromiso ni entrega? ¿Cómo conseguir que nos lo den todo sin aportar apenas nada? Los autores hemos de mostrar nuestra verdad íntima, la que incumbe al ser. Pero nos cuesta demasiado renunciar a todo lo que parte de la personalidad con la que nos identificamos.

Siendo niños no fuimos apreciados por lo que éramos, sino por lo que se esperaba de nosotros. Los detalles que conformaban nuestro mundo interior fueron relegados a un segundo o tercer plano. Se nos valoró por la adecuación a las expectativas ajenas. No ajustarse suponía la pérdida de la atención, el rechazo, incluso la humillación. El siguiente ejemplo retrata el drama oculto: Miriam ha ganado un premio de manualidades, pero se siente frustrada. Aunque no se atreve a confesarlo, ese objeto no lo ha hecho ella sola. Su padre, al que le interesa más el perfeccionismo que ver cómo se realiza su hija, quiso participar en la obra. Miriam no se atrevió a decirle que prefería hacerlo por sí misma, porque lo necesitaba a su lado y temía que al sincerarse éste se enfadara. Cada vez que mira su trofeo se le despiertan sensaciones de malestar y angustia. Hay premios que representan la traición a uno mismo.

Desde la falta de amor acabamos «con-fundidos» con los designios de aquellos de los que dependemos. El padre y la madre son

ahora el público, la opinión de unos críticos, un editor, una dis-
cográfica, una productora de cine. Demasiado a menudo buscamos el éxito sin tenernos en cuenta.

Desconocemos el lugar desde el que componemos y eso genera
desconcierto tanto al propio creador como al público. Demasiado
a menudo, en las obras se vuelcan las propias dificultades, confe-
siones de aspectos oscuros, crudos y dramáticos (hay quien lo
llama «realismo»); o bien se convierte en una proclama de ideales
y deseos, donde la composición se vuelve una especie de terapia
expresiva y/o catártica de carácter autobiográfico, con el público
como testigo. Eso tal vez haga que la gente se identifique con los
deseos y sufrimientos del autor, pero eso no es arte, es un
desahogo encubierto que reclama consideración y complicidad.

Los deseos inconscientes interfieren en la creación. Necesitamos
dirigir las necesidades afectivas y la revisión de la historia personal
hacia espacios y personas adecuadas. Un público desconocido
con el que no tenemos ninguna vinculación afectiva no puede
colmar necesidades de reconocimiento y cariño. Esta calidad de
nutrición sólo es posible a través de contactos creíbles, es decir,
cercanos y directos. Pero es precisamente en esta proximidad
afectiva donde el problema de fondo se desvela. Queremos recibir, pero no queremos abrirnos. Abrirse significa descubrir el
daño; es por eso que la fama genera tanta atracción. Es una ilusión de obtener amor sin tener que implicarse ni sentir el dolor
de las heridas no sanadas.

El desprecio generalizado que sufren la cultura y los artistas (pira-
teo, plagio, cotilleo, banalización, maltrato de los derechos de

autor, etcétera.) es una muestra evidente que habla de la necesidad de volver a recuperar el valor del arte en la sociedad. Lo mediático y tecnológico no puede suplir el humanismo que ha de radicar en la médula de toda creación artística.

El proceso creativo ha de ser un acto de realización sentida y con sentido. Sin cargas ni presiones. Desde el gusto, sin pretensiones.

El respeto, el interés y el apoyo a la inocencia y la genuinidad de los niños es la mejor apuesta que podemos hacer en esta dirección. En ellos todo es a la vez visceral y sublime. Las criaturas son «originales» por naturaleza. Si interferimos lo mínimo posible en su desarrollo, si nos atrevemos a darles y apoyarles en lo que necesitan y no en lo que nosotros creemos que necesitan, descubriremos que el arte es parte de la esencia humana y se expresa en cada gesto de autenticidad. Desde este punto de vista ellos son los grandes maestros, y nosotros los que necesitamos recordar el valor de la sencillez.

UNA HISTORIA DE ESPERANZA

A continuación quiero compartir el texto de Beatriz, una amiga de «edad avanzada» con la que uno logra trascender las diferencias culturales y generacionales, porque se acerca desde un lugar donde los disfraces huelgan. Se trata de un relato autobiográfico breve, en el que habla de su infancia. Me emocioné cuando lo leyó, me conmovió, pero no tanto por la situación dramática que describe, sino por ese sentido profundo de la esperanza del que antes hablaba. Beatriz me recuerda la fuerza vital que todos tenemos y renueva mi confianza en la capacidad para deshacer camino construyendo a la vez uno nuevo, el propio. Ella no es sólo una superviviente de circunstancias sociopolíticas adversas, sino una mujer que ha vuelto a entrar en contacto consigo misma después de muchos años de profunda hibernación. Viene de un lugar donde durante años, décadas, apenas entraba luz. Las cosas que explica de su pasado están inmersas en un dolor clavado en sus huesos y entrañas, que de haberse liberado en aquellos tiempos de soledad y desamparo la hubiesen despedazado allí mismo. A través de una ayuda terapéutica comprometida, recibida durante años, encontró lo que había estado esperando toda su existencia: comprensión, escucha y una atención real a sus necesidades afectivas.

Beatriz comparte con nosotros la historia de alguien que ha podido ir más allá de unos adustos condicionantes sociales y afectivos.

Mi infancia: donde las ratas eran las reinas. Hoy estoy orgullosa de haber salido viva de ella.

Tengo que decir que los entiendo. El miedo más profundo les acompañó toda su vida. Mi abuela vino escapando desde Polonia (los polacos eran muy cristianos, incendiaban los pueblos de los judíos con la gente dentro). Así, mi abuela perdió tres de sus doce hijos en el camino.

Llegaron a la bella Francia, el país de «Libertad, igualdad y fraternidad». Para ellos todo eso aún no había llegado, pero al menos salvaron sus vidas. El miedo, eso sí, continuaba. Todo les asustaba. Todos eran enemigos. Se habían quedado encerrados en su pasado, en lo que habían vivido en Polonia. El miedo atroz de una muerte violenta les persiguió el resto de sus vidas. Pasaron algunos años, pero no el tiempo suficiente para respirar nuevos aires, pues se presentó otra guerra. Ésta dirigida también contra ellos. Murieron seis millones de judíos. La gente aún no aclara si de éstos, dos millones fueron niños. Así que yo, que nací justamente al principio de la guerra, me hubiera debido morir también en un campo de concentración con mi padre, mi prima Elena, mi madrina Lucía y su marido. Pero el destino no lo quiso y un maestro comunista ayudó a mi madre y mi familia a esconderme en un pueblo. En París desaparecieron barrios enteros de judíos y polacos. Todos nosotros éramos polacos, todos, menos mi padre; sus padres eran turcos.

Por aquel entonces la gente estaba medio loca. Yo entiendo el miedo de mi madre, pero no el que no quisiera acercarse a mi hermana poniendo como excusa que lo hacía para no dar celos a su hermana (cuya hija fue cogida y asesinada por los nazis en un campo de concentración). Creo que mi madre, justamente porque ya no tenía marido, hubiera debido abrazarme mucho, a mí y a mi hermana. ¡No, mamá! No hay excusas para tu comportamiento conmigo y con Laurette (mi hermana, tres años mayor). No tenía ninguna necesidad de ponernos en el orfanato porque aún estaba ella, nuestra madre. Menos mal que Laurette hizo la huelga de hambre un año después, porque si no tú nos hubieras abandonado alegremente allí. Después, en casa, no paraste de decir que ojalá nos hubieses dejado allí. Olvidaste que te obligaron a cogernos. En casa nos insultabas; eso sí, en polaco: «¡Inútiles!», «¡blandas!», «¡gandulas!» y se me olvidan muchos. A veces no me hablabas; otras, gritabas por la ventana abierta: «¡Venga, a comer, que tu hermano tiene que venir!». ¡Y comer rápido!..., porque él si era importante, «él iba a trabajar». Nunca me pidió que le ayudara a fregar los platos. Solamente me pedía que le subiera carbón del sótano. A mí me daba mucho miedo, pero quería complacerla. Nunca me dio las gracias. Un día me mandó el recado de ir a pedirle el mes a mi tío, pero al llegar éste me dijo que se lo daría a mi hermano. Nunca tuve la satisfacción de poderle entregar el dinero de mis propias manos. Existía el mandamiento de no ofender a mi tío, si no nos moríamos de hambre.

Con estas cosas fui cogiendo mucho miedo a los hombres, aunque en particular a ella, a mi madre, porque temía que me volviera a internar en un orfanato.

Un día al salir a la calle le pedí un beso y me respondió: «Las caricias de gatos dan pulgas». Ya no se lo volví a pedir. También tenía que responsabilizarme de mi hermana, tres años mayor que yo y que no se movía por nada ni por nadie; tampoco hablaba. Estoy casi segura de que hoy en día las asistentes sociales la hubieran podido cuidar.

En mi casa todos eran completamente indiferentes a lo que me pasaba. A los diez años, cuando casi muero, estaban más interesados en saludarse entre ellos que en mi enfermedad. Por eso no quise darles el gusto de tirarme al metro, como muchas veces me pasó por la mente, aunque supongo que tampoco lo hice porque tenía mucho miedo. Las muertes violentas me aterrorizaban. Bastante tuve ya con mi madre y toda la familia hablando de las torturas de los campos de concentración. Sólo escuchar el nombre de un nazi se nos ponía la piel de gallina. Tengo que decir que a mi madre le avergonzaba decir que yo era la tercera y no me esperaba. Ya tenía un niño y una niña. Su mirada me decía claramente: «¿Qué haces aquí?» Quise marcharme de esa casa en cuanto pude. Pero afuera tampoco me fue bien. Se burlaron mucho de mí y de mi soledad. Me hicieron sufrir aprovechándose de mis necesidades; a veces confundía actos malos con regalos. En casa nunca se presentaba nadie y cuando por un descuido alguien se equivocaba y llamaba a la puerta, todos corrían a abrir asustando a la persona con sus «buenas intenciones». Nunca volvían.

No estaba acostumbrada a ver hablar a la gente. En mi casa no había diálogo, ni radio, ni libros, menos aún periódicos, no había interés por nada. Sólo mujeres que daban vueltas en una cocina pequeña buscando algo continuamente, un trapo, una cacerola..., gritos en forma de pregunta sobre dónde había puesto la otra aquello otro. Su distracción favorita era criticar a la vecina, especialmente cuando su amiguito, al que su madre no dejaba subir, la llamaba silbando desde la calle para que bajara. Después, ella corría por la escalera haciendo ruido con sus altos tacones de aguja.

¡Mi madre tenía tanto miedo...! Escondía incluso la bolsa de comida delante de los vecinos; eso me ponía furiosa. ¡No habíamos robado nada! Para colmo, durante mi infancia me acostumbré a disimular y contaba chistes a mis dos tíos para así conseguir que me pagasen el cine y también por la necesidad de sentirme importante para el hombre. El hecho de no parecerme a ellos, que eran todos bastante altos y yo, en cambio, más bien rellenita, hacía decir a mi madre cargada de maldad: «¡No sé a quién se parece, nadie es tan baja y gorda en la familia!». Yo me esforzaba en no comer, pero tenía hambre. No fue el caso de mi hermana, que no comía nada y si lo comía lo vomitaba. Yo la admiraba mucho, aunque ella nunca tuvo ningún interés en mí.

Me doy cuenta de que no tengo mucha memoria, pero bueno, supongo que es debido a todo lo desagradable que me ha pasado. La base de mi vida se llamaba tristeza. Fue lo más importante. La tristeza lo invadía todo..., el aire que respiraba. El cielo gris de París no ayudaba, ni el miedo que acompañaba a mi madre en todas partes, especialmente en la calle. La tristeza era dueña de todo. Tristeza de no tener padre, ni patria, ni país propio. Mi madre siempre recordaba Polonia a pesar de que vivíamos en París. Tenía tristeza, tristeza en el alma. Para terminar, mamá, tengo que decir que siento mucha tristeza por ti, por mí y por todo el mundo que ha pasado lo mismo que yo.

Mi suerte son mis terapeutas y todos los seres humanos que van a lo bueno, a lo hermoso de la vida. Ahora no quiero malgastar un instante. Cuando no me siento amada las agujas del reloj se paran, el tiempo se vuelve oscuro. La belleza se me aparece fea y la vida sin ningún sentido; porque mi vida es amar y ser amada.

Sentada en la plaza de la iglesia, rodeada de niños y árboles, tengo ganas de cantar a la vida. Esta sensación de sentirme viva me enternece. Mi corazón se llena de orgullo por las personas que me han ayudado a conseguirlo.

El viento me habla y me canta una dulce melodía de amor, su canción me toca el alma y el corazón. El sol que está a punto de marcharse, me da las buenas noches con sus últimos rayos. La dulzura de la noche calma los espíritus. Es el momento de marcharse. Dulces sueños.

Beatriz Arouété Karpenkoff

En general, al mirar a los ancianos parece que la esperanza en ellos se haya desvanecido. Su mirada es el fiel reflejo de este calvario de supervivencia sin tregua. La energía les abandona poco a poco, y ya no pueden ocultar la verdad a los ojos de los demás.

Degeneración, demencia, decepción. Sin embargo, con su honestidad y entusiasmo, Beatriz nos muestra que otra vivencia es posible. La experiencia y los vínculos forjados, deberían hacer de la
vejez el lugar de la plenitud por excelencia. El momento de aceptar y desear el relevo generacional desde el sentimiento de pertenencia a una existencia cíclica e inmortal; la culminación de la
entrega.

La cercanía de la muerte es una oportunidad para traspasar la
dictadura del miedo y celebrar lo que realmente importa. A los
pies de la parca, una casa, un coche, una alfombra, vestidos, co-
llares... nada tiene valor intrínseco por sí mismo. Son los vínculos
que nos unen a la vida a través de los seres queridos lo que de
verdad importa. Somos nuestras relaciones, la humanidad que
dejamos a nuestro paso.

Para los que hemos nacido prisioneros de una opresión a la expresión vital, la esperanza está en mostrarnos desde quienes somos. A pesar de las adversidades sufridas tenemos la posibilidad
de dar sentido a nuestra vida; revisar los senderos que hemos ido
escogiendo; quemar la mentira. Permitir que los sentidos se con-
viertan en faros y lugar de reposo, y apreciar todas esas cosas valiosas, que por sencillas pasan inadvertidas.

UNA REVOLUCIÓN

Los potenciales humanos están trenzándose en algo que podríamos denominar como "proceso de humanización". Una lenta pero progresiva evolución cuyo destino depende de todos y cada uno de nosotros.

Como especie nos distinguen las capacidades de comunicación y cooperación, y gracias a ellas hemos conseguido cosas que hace tan sólo unos siglos eran inimaginables. Milagros médicos, prodigios arquitectónicos, magia tecnológica, el desarrollo de una inteligencia colectiva... y cada día estamos más cerca de un nuevo modelo democrático donde los ciudadanos podremos tomar decisiones que antes sólo eran privilegio de unos pocos (faraones, emperadores, monarcas, dictadores, políticos...). Cierto es también, que nuestra historia está plagada de masacres y desvaríos, porque para bien y para mal tenemos un amplio margen de decisión. Desde mi punto de vista, la pieza clave para acrisolar nuestros dones reside en la comunicación y el afecto, porque sólo ellos pueden ayudarnos a salir del embrollo, la demagogia y los fuegos cruzados que no llevan a ninguna parte. La auténtica comprensión surge cuando conectamos desde la empatía. Cuando los corazones se encuentran se atenúan las diferencias y las formas, y resplandece la hermandad que nos une. Por todo ello, confío que poco a poco evolucionaremos hacia un lugar donde la dignidad, el respeto y la libertad sean las virtudes que nos definan.

En este libro he querido poner el énfasis precisamente en las consecuencias personales y sociales de crianzas que desatienden y no tienen suficientemente en cuenta nuestra naturaleza relacional y afectiva. La estructuración como individuos es como una pirámide invertida; lo que pasa al principio de la vida constituye la base sobre la cual vamos estableciendo el desarrollo madurativo y la sociabilización. La vinculación afectiva que construimos durante los primeros años conforma los cimientos sobre los que nos organizamos como personas. Obviamente, estamos influenciados por muchos factores: condiciones educativas, sociales, políticas, culturales, alimentarias, climatológicas, movimientos planetarios y muchos otros que todavía desconocemos. Pero si nos centramos en las problemáticas de carácter relacional, no tenemos más remedio que aceptar la enorme influencia de la calidad del vínculo establecido con los padres. Sé que es un tema que despierta susceptibilidades. Con frecuencia recibo cuestionamientos del tipo: ¿quieres decir que la influencia de los padres es tan grande? Ante esta duda yo plantearía otros interrogantes: ¿Porque nos cuesta tanto aceptar la influencia de nuestro pasado? ¿Porque estamos empeñados en considerar nuestra infancia como algo al margen de lo que nos sucede? ¿No es acaso lógico pensar que el pasado condiciona el presente, y que la manera en la que hemos sido amados repercute en nuestra forma de amar?

Los padres no son culpables de lo que nos pasa, puesto que la culpa siempre implica identificar a alguien como causante original y único de un mal. Ellos son víctimas de otras víctimas, y también han padecido condiciones familiares, educativas y socio-culturales que han atentado contra la expresión y el respeto a la vida. Pero considero primordial situar la responsabilidad de cier-tos actos (activos o pasivos) en la vida de los hijos. Toda acción comporta una reacción. No asumirlo conlleva un problema per-sonal y social de graves e inciertas consecuencias. Necesitamos reconocer qué hacemos, desde dónde lo hacemos y cuáles son las repercusiones de dichos comportamientos.

Cierto es también, que aunque los padres tengan una responsabi-lidad concreta en muchos de nuestros males, como adultos, cada uno es responsable de su propio proceso evolutivo. Somos noso-tros, ahora, los que tenemos que dar respuesta a nuestras dificul-tades y necesidades, colaboren ellos o no. Afortunadamente exis-ten personas y propuestas sólidas, coherentes y liberadoras que pueden ayudarnos en este propósito.

Sea como sea, hay que tener claro que en ningún caso se trata de un viaje al pasado para regodearse en las heridas sufridas, ni tam-poco de edulcorar el malestar. Todo lo que sufrimos en el pasado forma parte de nosotros. Si en un momento dado recuperamos lo vivido es para reconocer y comprender las verdaderas heridas; para dar salida al daño y encontrar nuevas y saludables formas de relación. El objetivo de este trabajo es el encuentro con uno mismo y con los demás aquí y ahora. Mostrar quien uno es y lo que le pasa. Si esta dirección está clara es mucho más fácil man-tenerse orientado en el camino.

Tenemos una oportunidad: dejar de actuar como instrumentos de la deshumanización y posicionarnos claramente en defensa de los más desprotegidos, los niños. En ellos reside el futuro de la humanidad. Para verlos con claridad y defenderlos con firmeza hemos de recuperar la propia inocencia, dignidad e integridad. Esta revolución empieza por uno mismo.

Existen en este sentido, gestos sencillos que dejan entrever que el despliegue de la vida no debe ser forzado, sino acompañado; quiero compartir una anécdota al respecto. El otro día, mientras jugábamos, a mi sobrinita de dos años se le cayó un poco de zumo de naranja encima de mi camiseta. Mi reacción fue la de ir a mojarla para que no quedase mancha. La niña captó mi preocupación y preguntó de inmediato qué había pasado. Mi mujer se lo explicó. Ella se quedó en silencio unos instantes, como si estuviera mirando dentro de sí. Luego me miró con esos enormes y preciosos ojos que tiene y me dijo: «Perdona». Su gesto me impresionó. Lo dijo de corazón, desde el sentimiento; nadie le dijo que lo hiciese, nadie le ha dicho que actúe así. Le salió del alma, un gesto de empatía limpio, puro. Quien recibe respeto, respeta. Estas cuestiones no hace falta enseñarlas; si se viven, cuando llega el momento surgen.

Me gusta concebir este libro como un homenaje a la importantísima labor de todos esos padres, que gracias a la introspección, el autocuestionamiento y una implicación comprometida, acompañan a sus hijos a descubrir sus propias respuestas.